Clay in the Potter's Hands

WORKBOOK

Barro en las
Manos del Alfarero

LIBRO DE TRABAJO

Clay in the Potter's Hands | Barro en las Manos del Alfarero
WORKBOOK | LIBRO DE TRABAJO
English/Spanish Edition

Diana Pavlac Glyer

Note to Small Group Leaders by Bethany Wagner
Photographs and design by Matthew K. Tyler

Traducido por Caleb J. Agron y Aroldo Solórzano
Editado por Manuel Obando
Fotos y diseño por Matthew K. Tyler

Lindale & Assoc.
A Division of TreeHouseStudios

COPYRIGHT © 2020 BY LINDALE & ASSOCIATES
A DIVISION OF TREEHOUSESTUDIOS

IMAGES © 2020 BY MATTHEW K. TYLER

COVER AND DESIGN BY MATTHEW K. TYLER

SCRIPTURE TAKEN FROM THE HOLY BIBLE, NEW INTERNATIONAL VERSION.
COPYRIGHT © 1973, 1978, 1984 BY THE INTERNATIONAL BIBLE SOCIETY.
AND SANTA BIBLIA, NUEVA VERSIÓN INTERNACIONAL® NVI® © 1999, 2015

PUBLISHER'S CATALOGING-IN-PUBLICATION DATA

GLYER, DIANA
CLAY IN THE POTTER'S HANDS WORKBOOK: ENGLISH/SPANISH EDITION / DIANA PAVLAC GLYER
NOTE BY BETHANY WAGNER
PHOTOGRAPHS BY MATTHEW K. TYLER
TRANSLATED BY CALEB ARGON AND AROLDO SOLÓRZANO
P. CM.
ISBN-13: 978-1-937283-19-3

1. SPIRITUAL FORMATION. 2. CHRISTIAN LIFE.
I. TITLE

SECOND EDITION 8 2020
PRINTED IN THE UNITED STATES OF AMERICA

To my dad, James Sainsbury. You are the author of so many good things in my life! You made this possible.

A mi papá, James Sainsbury. Eres el autor de tantas cosas buenas en mi vida. Tú has hecho todo esto posible.

CONTENTS

CONTENIDO

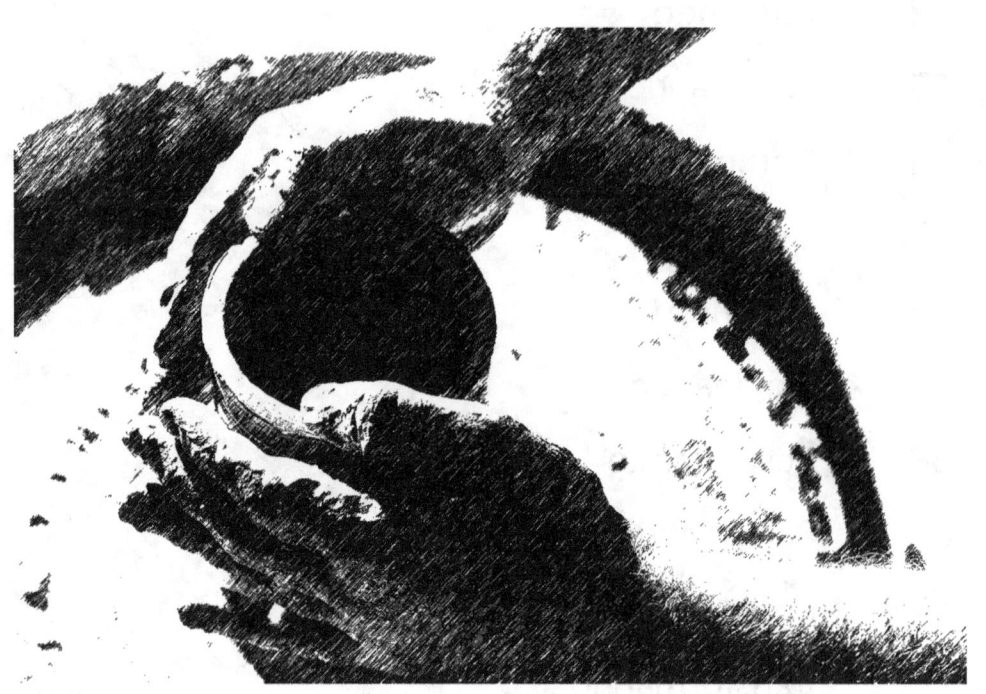

INTRODUCTION

In the Bible, it says that God is like a potter, and we are like clay. This beautiful image has special meaning for me, and I marvel at it every time I go to the ceramics studio, sit at the wheel, and begin my work. It seems to me that the more we know about clay, kilns, wheels, grog, firing, glazing, wedging, and the like, the more this spiritual picture becomes vivid and useful in our daily lives.

In this workbook, I will encourage you to reflect, to think and pray and discuss with others the significance of this transforming image in your own life. These ideas have transforming power. It is my prayer that God will continue to be at work in your life in creative and inspiring ways.

Diana Pavlac Glyer
Glendora, California
February 2019

INTRODUCCIÓN

La Biblia dice que Dios es como un alfarero, y que nosotros somos como el barro. Esta bella imagen tiene un significado especial para mí, y me maravillo cada vez que voy al estudio de cerámica, me siento al torno y empiezo a trabajar. Me parece que entre más sabemos del barro, el horno, los tornos, el chamote, la cocción, el amasado, y todo eso, más vívida y útil se vuelve esta ilustración espiritual para nuestra vida diaria.

En este libro de trabajo, quiero que piense, converse y ore sobre el significado de esta imagen transformadora para su propia vida. Estas ideas me han transformado. Mi oración es que Dios continúe trabajando de manera creativa e inspiradora en su vida diaria.

Diana Pavlac Glyer
Glendora, California
Febrero 2019

NOTES TO SMALL GROUP LEADERS

So you have decided to lead a small group study. Congratulations! This is a challenging task, sometimes daunting, but also a richly rewarding one that can transform your own life. There is nothing quite like seeking the Lord in community. Here are some suggestions to consider as you embark on this journey.

ABOUT CLAY IN THE POTTER'S HANDS

Isaiah 64:8 reads, "Yet you, LORD, are our Father. We are the clay, you are the potter; we are all the work of your hand." Throughout Scripture, God is referred to time and time again as a potter. And we are his clay.

This book shows that this is far more than a casual metaphor. As God hovers over his creation, centering us or shaping us or even restoring us from collapse, he may transform us in ways we never imagined. The author guides the reader chapter-by-chapter through the process of creating pottery and illustrates the powerful spiritual truths behind each step.

Clay in the Potter's Hands has been used in home groups, Bible studies, Sunday school classes, Lenten devotions, one-on-one discipleship, and other group settings in churches, homes, and schools. The book itself contains discussion questions and a prayer at the end of each chapter, but this workbook helps groups interact more closely with the text, providing prompts and space for participants to record their own notes, ideas, questions, observations, and prayers.

To go even deeper with further material, leadership suggestions, and additional questions and activities, see the *Clay in the Potter's Hands Leader's Guide*, available at Amazon.com.

MENSAJE A LÍDERES DE GRUPOS PEQUEÑOS

Pues se ha decidido a dirigir un estudio para grupos pequeños. ¡Felicitaciones! Esta es una tarea desafiante, a veces intimidante, pero también muy transformadora. No hay nada como la búsqueda del Señor en comunidad. Abajo hay algunas sugerencias que debe considerar antes de emprender el viaje.

SOBRE BARRO EN LAS MANOS DE ALFARERO

El versículo Isaías 64:8 dice, "A pesar de todo, Señor, tú eres nuestro Padre; nosotros somos el barro, y tú el alfarero. Todos somos obra de tu mano". Por toda la Biblia, se describe a Dios una y otra vez como un alfarero. Y nosotros somos su barro.

Este libro explica que esta imagen es mucho más que una metáfora casual. Mientras Dios se inclina sobre su creación, centrándonos o formándonos o restaurándonos, Él puede transformarnos de maneras que nunca imaginamos. En este libro, la autora guía al lector por el proceso de la creación de vasijas de barro, paso a paso, ilustrando las fuertes verdades detrás de cada etapa.

Barro en las Manos del Alfarero ha sido un recurso para grupos pequeños, estudios bíblicos, escuelas dominicales, devocionales de Cuaresma, discipulado individual y en otros entornos, casas, iglesias y escuelas. Este libro de trabajo contiene preguntas para conversación y una oración al final de cada capítulo, ayudando a los grupos a interactuar más íntimamente con el texto y proveyendo espacio para que los participantes puedan dejar constancia de sus apuntes, ideas, observaciones, preguntas y oraciones.

Para profundizar aún más con material complementario, sugerencias para líderes y preguntas y actividades adicionales, descargue la guía para líderes de *Barro en las Manos del Alfarero*, disponible en Amazon.com.

ABOUT THIS WORKBOOK

As you will discover throughout this study, God shapes people with care and works in miraculous ways in every life. But this does not mean that every person's spiritual journey will look the same; in fact, like handcrafted pieces of pottery, each is entirely unique.

That's where the workbook comes in, helping participants discover how their stories fit into the narrative of the pottery process and what the image of God as a potter means in their individual lives.

In light of this truth, when studying *Clay in the Potter's Hands*, it is ideal to have time for individual study as well as group study. If your group consists of more than 10 people, some time for discussion and prayer in smaller groups of 3–4 people would also be helpful.

FORMATTING YOUR STUDY

The most straightforward way to complete *Clay in the Potter's Hands* is to meet for weekly sessions, completing one chapter a week for 15 weeks. Allowing 1–1 ½ hours per session is suggested.

That being said, this study is well suited to fit a variety of group sizes and time frames. Depending on the needs of your unique group, you may spend more time on one chapter in particular, or combine two or three chapters during one week. If you are doing a Lenten study, completing 2 chapters each week would fit your timeline well.

But whichever time frame you choose, I suggest having all participants read the chapter, take notes in the workbook, and complete the respective workbook questions and prompts before you meet. Then during your group sessions, you can dive right away into discussing the chapter and your experiences with the text, as well as spending significant time in prayer.

SOBRE ESTE LIBRO DE TRABAJO

Como usted descubrirá a través de este estudio, Dios moldea a las personas con cuidado y trabaja de maneras maravillosas en cada vida. Pero esto no significa que el camino espiritual de cada persona sea igual. Como piezas de alfarería hechas a mano, cada una es completamente única.

Por eso existe este libro de trabajo, para ayudar a los participantes a entender la imagen de Dios como un alfarero y descubrir cómo encajan sus historias en la narrativa del proceso de la alfarería.

A la luz de esta verdad, mientras se estudia *Barro en la Manos del Alfarero*, es ideal tener ambos, tiempo para estudio individual y para estudio en grupo. Si su grupo consiste de más de diez personas, un tiempo para conversación y oración en grupos de 3-4 puede ser beneficioso.

ESTRUCTURANDO SU ESTUDIO

La manera más sencilla de completar *Barro en las Manos del Alfarero* es reunirse semanalmente, haciendo un capítulo por semana durante 15 semanas. Se sugiere permitir de una hora a una hora y media por sesión.

Dicho esto, este estudio está diseñado para funcionar con grupos de varios tamaños y límites de tiempo. Dependiendo de las necesidades de su grupo, es posible que se le dé más tiempo a un capítulo en particular o se combinen dos o tres capítulos en una sesión. Si está haciendo un estudio de Cuaresma, le serviría completar 2 capítulos por semana para terminar en la Pascua.

No obstante, cualquiera sea el plazo que escoja, recomiendo que los participantes lean el capítulo, tomen apuntes en el libro de trabajo y respondan a las preguntas del libro del trabajo antes de reunirse. Luego, durante sus reuniones, pueden zambullirse directamente en la discusión del capítulo y sus experiencias con el texto, y pueden pasar más tiempo en oración.

THE 5-SESSION STUDY

Clay in the Potter's Hands also fits well into a 5-session study, as outlined below:

SESSION ONE: INTRODUCTION

This first chapter, "Creating," is the basis for the rest of the book, discussing the nature of God as creator and humanity as his creation. It establishes some key principles that apply to the rest of the book before chapter 2 starts in on the step-by-step process of creating a piece of pottery. In your first session, go through chapter one and discuss how your group wants to learn and grow over the course of your study.

SESSION TWO: PREPARATION

Chapters 2–6 focus on the preparation steps of pottery as the potter finds the clay and prepares it to be shaped on the wheel. These are the necessary steps all pottery must go through before its true shape comes into formation.

SESSION THREE: FORMATION

Chapters 7–11 cover the critical formation steps as the potter guides the clay into its final shape as a pot, cup, bowl, or vase.

SESSION FOUR: COMPLETION

Chapters 12–14 contain the final steps after the clay has been shaped as the potter repairs any damage, re-fires the pottery, and even redeems any shattered pieces.

SESSION FIVE: CONCLUSION

In your last session, wrap up your study with the final chapter, "Abiding." This chapter concludes the long process you have started, and helps participants identify where they are in the pottery process, as well as what next steps they should take as creations of God. Finish with a group prayer for the future work of God in each person's life.

EL ESTUDIO DE 5 SESIONES

Barro en las Manos del Alfarero también se adapta a un estudio de 5 sesiones, como se esboza abajo:

SESIÓN UNO: INTRODUCCIÓN

El primer capítulo, "Creando," es la base para el resto del libro, trata la naturaleza de Dios como creador y a la humanidad como su creación. Este capítulo establece algunos principios fundamentales que se aplican al resto del libro antes de que el segundo capítulo comience con más detalle el proceso de crear una pieza de alfarería. En su primera sesión, lea el capítulo uno y hable sobre cómo su grupo prefiere aprender y crecer en el transcurso de su estudio.

SESIÓN DOS: PREPARACIÓN

Los capítulos 2-6 se enfocan en los pasos preparativos, cuando el alfarero busca el barro y lo prepara para ser formado en el torno. Estos son los pasos necesarios por los que cada pieza de alfarería tiene que pasar antes de que su verdadera forma llegue a ser.

SESIÓN TRES: FORMACIÓN

Los capítulos 7-11 cubren los pasos críticos de la formación, cuando el alfarero lleva el barro hasta su forma final como olla, vaso, tazón o jarrón.

SESIÓN CUATRO: FINALIZACIÓN

Los capítulos 12-14 contienen los pasos finales después de que el barro ha sido formado. El alfarero repara cualquier daño, vuelve a hornear las vasijas y redime algunas piezas rotas.

SESIÓN CINCO: CONCLUSIÓN

En la última sesión, culmine su estudio con el capítulo final, "Permaneciendo". Este capítulo concluye al largo proceso que ustedes comenzaron, ayudando a los participantes a identificar dónde se encuentran en el proceso de alfarería y los próximos pasos a tomar como creaciones de Dios. Termine con una oración por el futuro trabajo de Dios en la vida de cada participante.

THE WEEKEND STUDY

The 5-week format is also ideal for a weekend retreat or 2–3 day church event. For these more intensive studies, be sure to set aside time for solo study, small group discussion, and instruction as a whole group. I suggest the following structure for a weekend study:

1. Begin each session by introducing the chapter(s) to the entire group. Talk through the potter's steps and the specific actions the potter takes, before moving on to how this illustrates God's creative work forming and shaping us.

2. Break apart for solo time, so each participant can read the material alone, take notes, and answer the workbook questions.

3. Join together again in small groups of 3–4 people to discuss the material, share answers to questions, go through each of the Scriptures in the workbook, and prayer for one another.

4. Come together as a whole group to share any observations as a whole and begin the next session.

SOME FINAL SUGGESTIONS

— Whatever time frame you choose, begin and finish each session with prayer, praising God for his work as Creator and asking him to direct your study.

— Encourage and hold each other accountable to complete the reading and workbook material for each session, and to be honest and authentic with one another as you encounter ways God is shaping and directing you.

EL ESTUDIO DE UN FIN DE SEMANA

El formato de cinco semanas es ideal también para un retiro de fin de semana o para un evento de 2-3 días en la iglesia. Para estos estudios más intensivos, asegúrese de apartar tiempo para estudiar a solas, para conversar en grupos pequeños y para instrucción del grupo entero. Sugiero la siguiente estructura para el estudio de fin de semana:

1. Comience cada sesión, presentando el capítulo (o los capítulos) al grupo entero. Hable de los pasos del alfarero y las acciones específicas que él realiza antes de continuar la discusión sobre la manera en que esto ilustra al trabajo creativo de Dios al formar nuestras vidas.

2. Sepárense para un tiempo de estudio a solas, de modo que cada participante pueda leer el material por sí mismo, tomar notas y responder a las preguntas del libro de trabajo.

3. Vuelvan a agruparse en grupos de 3-4 personas para conversar sobre la lectura, compartir respuestas a las preguntas, repasar los versículos en el libro de trabajo y orar unos por otros.

4. Reúna al grupo entero para compartir observaciones y comenzar la próxima sesión.

ALGUNAS SUGERENCIAS FINALES

— No importa cuál marco de tiempo elija, comience y termine cada sesión con una oración, alabando a Dios por su trabajo como Creador, pidiéndole que dirija su estudio.

— Anime a cada miembro a cumplir con la lectura y el material del libro de trabajo para cada sesión, y sea honesto y auténtico con el grupo sobre las maneras en que Dios le está guiando y formando.

— The chapters are short enough that you can read them aloud together. You might read the chapter and then discuss it, or read the next week's reading at the end of each session. Or take turns reading aloud, paragraph by paragraph around the circle.

— Finally, pray regularly for the individuals and spiritual growth of your group. And know that we are praying for you.

May the Lord richly bless you as you begin this journey together!

Bethany Wagner
Portland, Oregon

— Los capítulos son tan cortos que es posible leerlos en voz alta como grupo. Pueden leer el capítulo y conversar después, o leer el capítulo de la semana entrante al final de cada sesión, o tomar turnos leyendo en voz alta, párrafo por párrafo alrededor del círculo.

— Finalmente, ore regularmente por los individuos y el crecimiento espiritual de su grupo. Y sepa que nosotros estamos orando por ustedes.

¡Que el Señor los bendiga ricamente al comenzar este viaje!

Bethany Wagner
Portland, Oregon

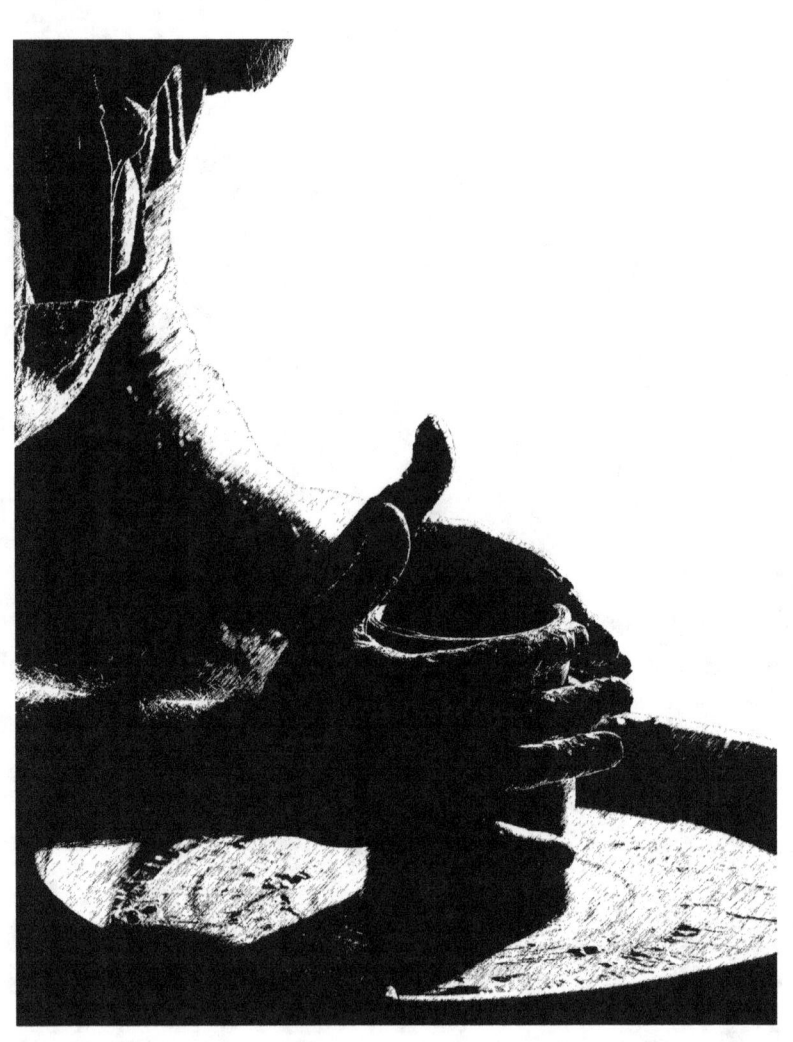

CREATING
CREANDO
01

God tells us that he is like a potter working with clay.

Dios nos dice que Él es como un alfarero trabajando con el barro.

My Reading Notes:

Mis apuntes de la lectura:

One or two ideas in this chapter that I found new or surprising.

Una o dos ideas en este capítulo que encontré novedosa(s) o sorprendente(s).

One or two questions that this chapter raised.

Una o dos preguntas que este capítulo planteó.

One or two places where this chapter spoke to me personally.

Uno o dos pasajes donde este capítulo me habló personalmente.

QUESTIONS FOR REFLECTION AND DISCUSSION:

1. God is a creator, an artist, a maker. Reflect on a time that you have made things—anything, from rebuilding a carburetor to writing a song to coloring with crayons. What steps did you take to complete the work? What feelings did you have as you progressed from step to step? Did you sense that your creativity was a divine gift, a reflection of the creative nature of God? In what ways?

2. List several times that you have clearly seen the fingerprints of God in the circumstances of your life. Then take time to thank God for it!

PREGUNTAS PARA REFLEXIÓN Y CONVERSACIÓN:

1. Dios es creador, artista, hacedor. Reflexione en una ocasión en la que usted hizo alguna cosa: cualquier cosa, desde reconstruir un carburador a escribir una canción o colorear con crayones. ¿Qué pasos dio para completar el trabajo? ¿Qué sentimientos tuvo mientras progresaba paso a paso? ¿Sintió usted que su creatividad era un regalo divino, una reflexión de la naturaleza creadora de Dios? ¿De qué manera?

2. Haga una lista de las ocasiones en que usted ha visto claramente las huellas de Dios en las circunstancias de su vida. Luego tome un tiempo para agradecerle a Dios por ello.

AUTHOR'S PRAYER:

You who are the King of all creation have stooped low to care for me. You who oversee all galaxies have become intimately involved in everything that concerns me. You who are the mighty one still bear the marks of your creation on your hands. Open my eyes, God, to see you more clearly in this season of my life than I ever have before. I wait expectantly for fresh insight into who you are, and who I am in you. Amen.

ORACIÓN DE LA AUTORA:

Tú que eres el Rey de toda la creación te has inclinado para cuidarme. Tú que supervisas todas las galaxias te has involucrado íntimamente en todo lo que tiene que ver conmigo. Tú que eres el poderoso todavía llevas las marcas de tu creación en tus manos. Abre mis ojos, Señor, para verte más claramente en esta etapa de mi vida como nunca antes. Espero con anticipación una nueva perspectiva sobre quién eres, y quién soy contigo. Amén.

MY PRAYER:

MI ORACIÓN:

I will not forget you! See, I have engraved you on the palms of my hands; your walls are ever before me.
ISAIAH 49:15-16

¡Yo no te olvidaré! Grabada te llevo en las palmas de mis manos.
ISAÍAS 49:15-16

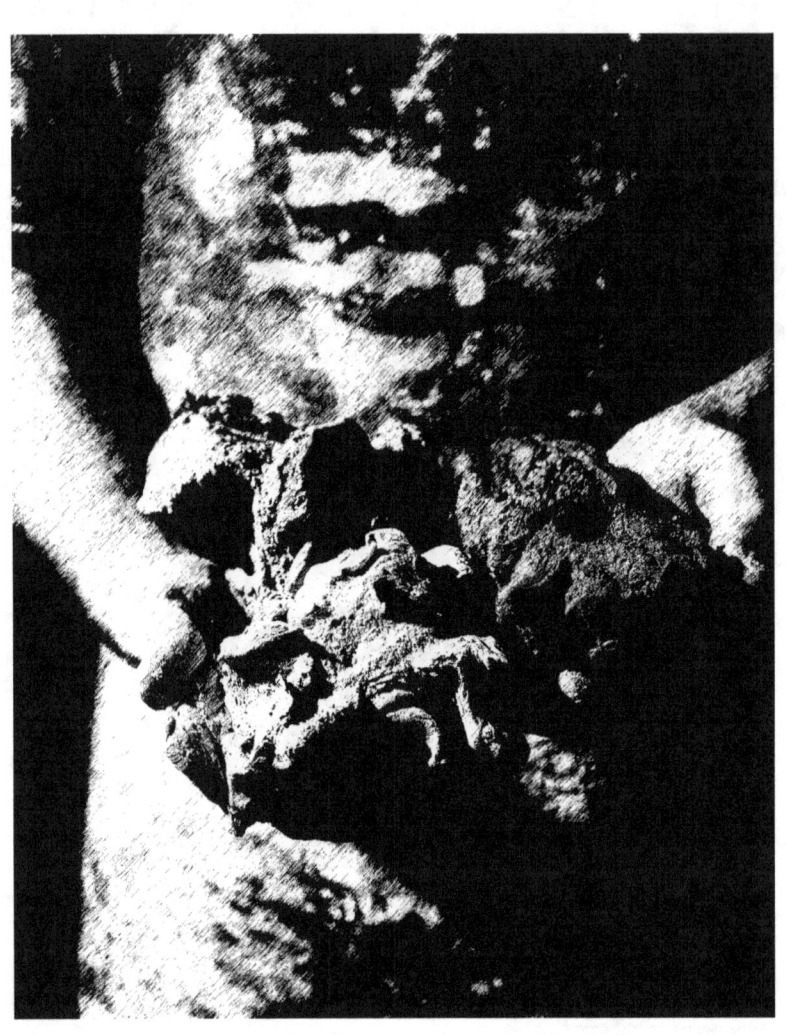

SEARCHING
BUSCANDO

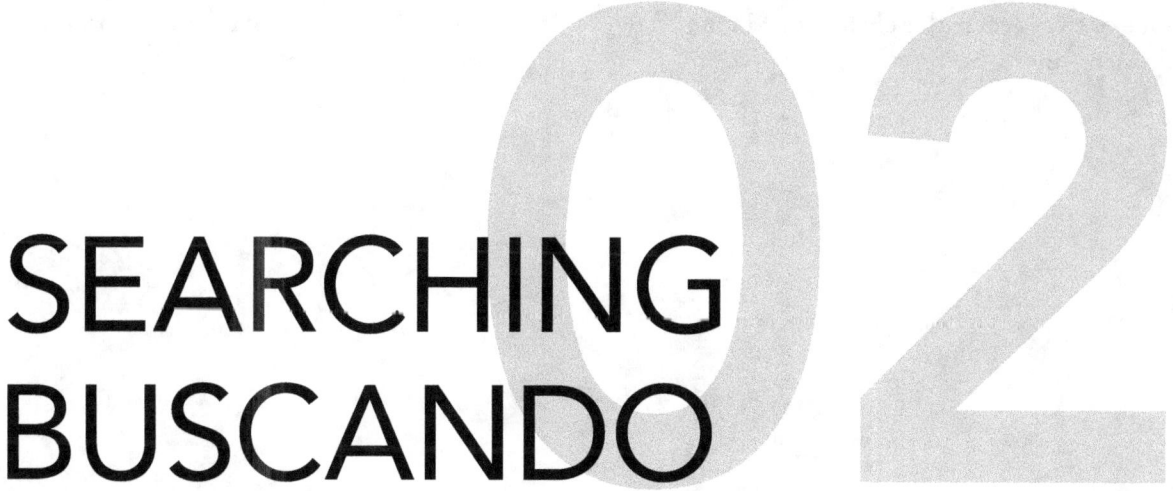

The potter actively seeks the clay and rejoices when it is found.

El alfarero busca el barro activamente y se regocija cuando lo encuentra.

My Reading Notes:

Mis apuntes de la lectura:

One or two ideas in this chapter that I found new or surprising.

Una o dos ideas en este capítulo que encontré novedosa(s) o sorprendente(s).

One or two questions that this chapter raised.

Una o dos preguntas que este capítulo planteó.

One or two places where this chapter spoke to me personally.

Uno o dos pasajes donde este capítulo me habló personalmente.

QUESTIONS FOR REFLECTION AND DISCUSSION:

1. God has been seeking you all of your life. If you have responded to his call and been found by him, take time now to thank him for the way he has made you his own. If you have never responded, take time now to consider what it might mean for you, a wandering lamb, to be found and taken home to his fold. Then find someone who can tell you more about the Good Shepherd who loves you.

2. Each type of clay has unique qualities; each of us is unique in personality, abilities, and gifts. Spend some time journaling about the ways in which you are a unique lump of clay. Then ask God to show you how these unique qualities are strengths that he can use.

PREGUNTAS PARA REFLEXIÓN Y CONVERSACIÓN:

1. Dios lo ha estado buscando toda su vida. Si usted ha respondido a su llamado y ha sido hallado, tome unos minutos para agradecerle por la manera en que lo hizo suyo. Si usted nunca le ha respondido, tome un momento para considerar lo que podría significar para usted, una oveja errante, el ser encontrada y llevada a casa. Luego encuentre a alguien que le pueda decir más sobre el Buen Pastor que lo ama.

2. Cada tipo de barro tiene cualidades únicas; cada uno de nosotros es único en su personalidad, habilidades y talentos. Pase algún tiempo escribiendo en un diario las maneras en la que usted es un trozo de barro único. Luego pídale a Dios que le muestre estas cualidades y fortalezas únicas para su servicio.

AUTHOR'S PRAYER:

God, in your goodness, keep seeking after me, bringing me home, drawing me to your side. Thank you that you see in me something of infinite worth. I want to be used by you to do something of great importance. Show me the way to become available so that your miraculous hand can do mighty things on earth through me. Amen.

ORACIÓN DE LA AUTORA:

Dios, en tu bondad, me sigues buscando, trayéndome a casa, acercándome a tu lado. Gracias por ver en mí algo de infinito valor. Quiero que me uses para hacer algo de mucha importancia. Enséñame la manera de estar disponible para que tu mano milagrosa pueda hacer cosas poderosas en la tierra a través de mí. Amén.

MY PRAYER:

MI ORACIÓN:

...indeed, if you call out for insight and cry aloud for understanding, and if you look for it as for silver and search for it as for hidden treasure, then you will understand the fear of the LORD and find the knowledge of God.
PROVERBS 2:3-5

Si llamas a la inteligencia y pides discernimiento; si la buscas como a la plata, como a un tesoro escondido, entonces comprenderás el temor del Señor y hallarás el conocimiento de Dios.
PROVERBIOS 2:3-5

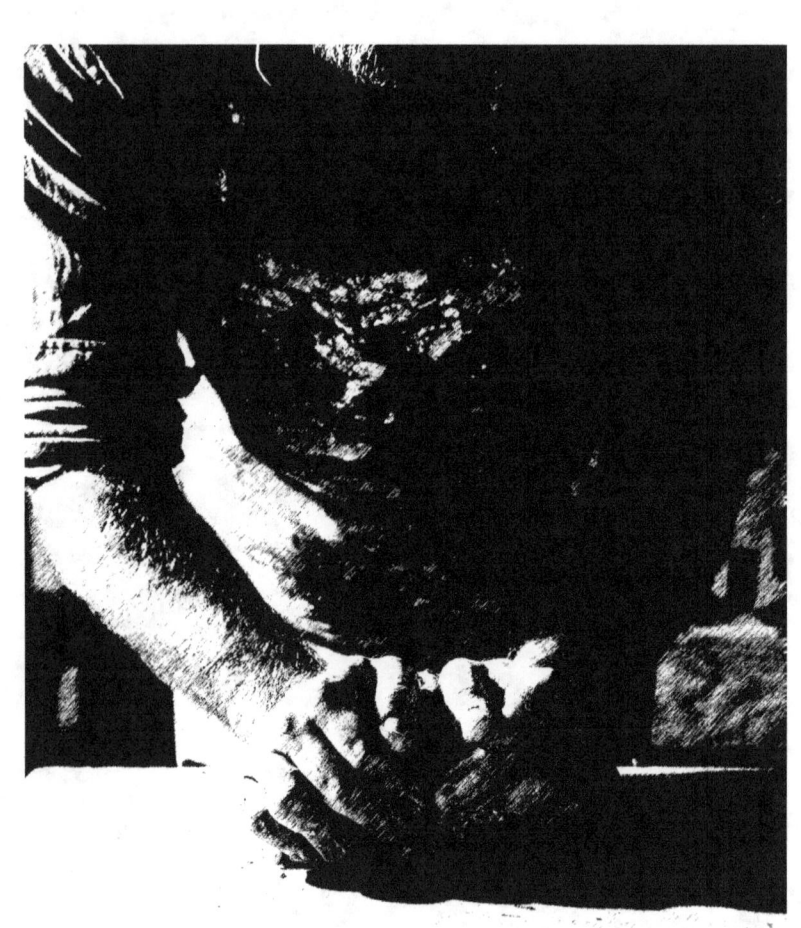

PREPARING
PREPARANDO

03

The potter pulls the clay out of the earth and cleans and prepares it.

El alfarero saca el barro de la tierra y lo limpia y prepara.

My Reading Notes:

Mis apuntes de la lectura:

One or two ideas in this chapter that I found new or surprising.

Una o dos ideas en este capítulo que encontré novedosa(s) o sorprendente(s).

One or two questions that this chapter raised.

Una o dos preguntas que este capítulo planteó.

One or two places where this chapter spoke to me personally.

Uno o dos pasajes donde este capítulo me habló personalmente.

QUESTIONS FOR REFLECTION AND DISCUSSION:

1. Are there things in your life, large or small, that God wants to remove from your life because they hurt his heart and injure other people?

2. Are there people you need to talk to in order to settle a matter that has caused stress, tension, shame, or uneasiness?

PREGUNTAS PARA REFLEXIÓN Y CONVERSACIÓN:

1. ¿Hay cosas en su vida, grandes o pequeñas, que Dios quiere eliminar de su vida porque ellas le hieren el corazón y lastiman a otras personas?

2. ¿Hay gente con la que usted necesita hablar para arreglar un asunto que haya causado estrés, tensión, vergüenza, o inquietud?

AUTHOR'S PRAYER:

O God, there are things in my life that I thought were private issues or insignificant matters. But now I see that they really can be dangerous. They hurt me, hurt you, hurt others. I have not dealt with them the way I should. I confess that I've been wrong. Trusting in your goodness, I give you full permission to remove

_____

from my life. I surrender it to you, knowing that even small things will pierce your hands. I surrender it to you, convinced that even small things will hurt my sisters and my brothers. Remove the rocks, sticks, stones, and bubbles in my soul, and fill the empty places with healing balm and the presence of your Holy Spirit, in Jesus' name. Let surrender and integrity be my prayer day by day. Amen.

MY PRAYER:

ORACIÓN DE LA AUTORA:

Oh Dios, hay cosas en mi vida que pensaba que eran asuntos privados o cosas insignificantes. Pero ahora veo que son realmente peligrosas. Me lastiman, te hieren, lastiman a otros. No he tratado con ellas de la manera que debería. Confieso que he estado equivocado. Confiando en tu bondad, te doy permiso pleno para eliminar

_____

de mi vida. Te lo entrego, sabiendo que aun las cosas pequeñas pueden traspasar tus manos. Te lo entrego, convencido de que aun las cosas pequeñas lastimarán a mis hermanas y hermanos. Quita las rocas, hierbas, piedras y burbujas en mi corazón, y llena los aposentos vacíos con un bálsamo sanador y la presencia de tu Santo Espíritu, en el nombre de Jesús. Que esta sea mi oración día tras día. Amén.

MI ORACIÓN:

Create in me a pure heart, O God,
  and renew a steadfast spirit within me.
Do not cast me from your presence
  or take your Holy Spirit from me.
Restore to me the joy of your salvation
  and grant me a willing spirit, to sustain me.
PSALM 51:10-12

Crea en mí, oh Dios, un corazón limpio,
  y renueva la firmeza de mi espíritu.
No me alejes de tu presencia
  ni me quites tu santo Espíritu.
Devuélveme la alegría de tu salvación;
  que un espíritu obediente me sostenga.
SALMOS 51:10-12

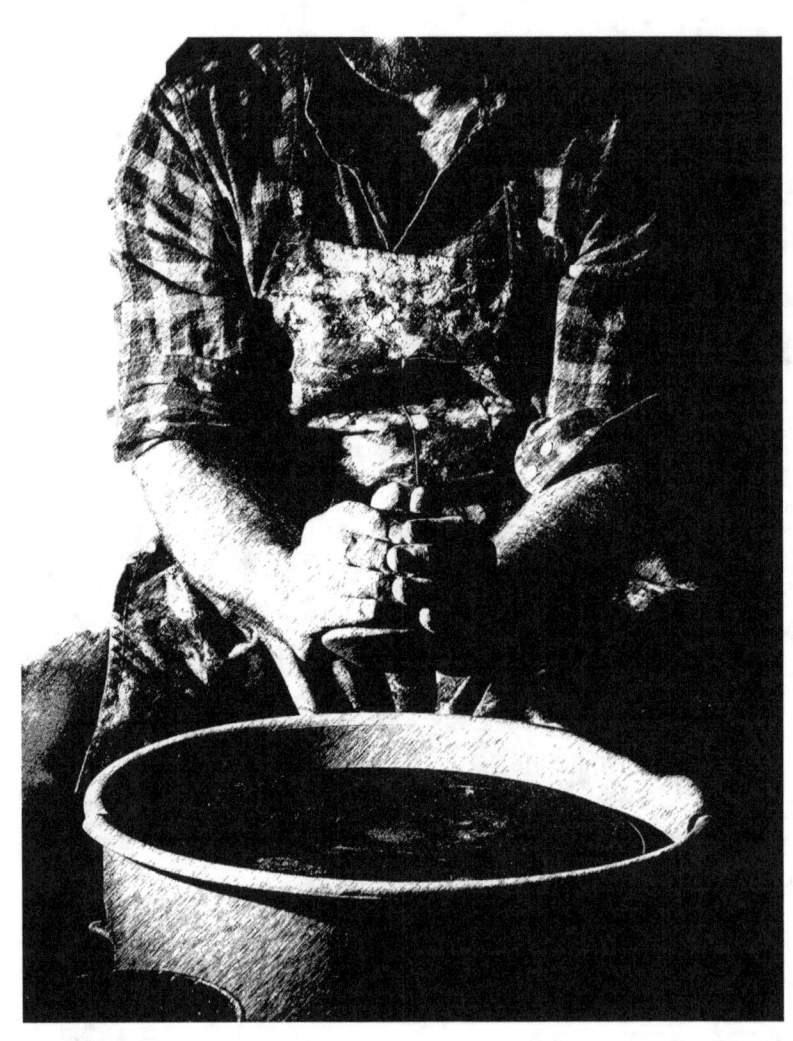

COMMITTING
COMPROMETIÉNDOSE

04

The clay is wedged and then firmly attached to the potter's wheel.

El barro es amasado y luego firmemente sujetado al torno del alfarero.

My Reading Notes:

Mis apuntes de la lectura:

One or two ideas in this chapter that I found new or surprising.

Una o dos ideas en este capítulo que encontré novedosa(s) o sorprendente(s).

One or two questions that this chapter raised.

Una o dos preguntas que este capítulo planteó.

One or two places where this chapter spoke to me personally.

Uno o dos pasajes donde este capítulo me habló personalmente.

QUESTIONS FOR REFLECTION AND DISCUSSION:

1. Has God convinced you of any area of your life that is not going well because you have not made a decisive commitment? If so, take time to make that commitment sure.

2. Think about the long-term projects that you are in the midst of. List them. Then ask for God's help to strengthen your resolve and help you finish well.

PREGUNTAS PARA REFLEXIÓN Y CONVERSACIÓN:

1. ¿Lo ha convencido Dios acerca de cualquier área de su vida que no vaya bien debido a que usted no ha hecho un compromiso decisivo? Si es así, tome tiempo para hacer firme ese compromiso.

2. Piense en los proyectos a largo plazo en que esté trabajando. Haga una lista de ellos. Luego pídale a Dios su ayuda para fortalecer su resolución y lo ayude a terminar bien.

AUTHOR'S PRAYER:

Forgive me, Gracious Heavenly Father, for the times I have broken my commitments because the situation just got too hard. Show me if I need to take steps to repair any damage I have caused. And now, rekindle hope in my heart to face the challenges that are before me this day. Give me the strength and courage to persevere in those things that you have called me to do. And when I come to the end of my life, let me say with the Apostle Paul, "I have fought the good fight, I have finished the race, I have kept the faith" (2 Timothy 4:7). Then let me run the race, this day, with cheerful endurance. Amen.

MY PRAYER:

ORACIÓN DE LA AUTORA:

Perdóname, Misericordioso Padre Celestial, por las veces en las que he roto mis compromisos debido a que la situación se puso dura. Muéstrame si necesito tomar medidas para reparar cualquier daño que haya causado. Y ahora, reaviva la esperanza en mi corazón para enfrentar los desafíos en mi camino en este día. Dame fortaleza y valor para perseverar en esas cosas a las que fui llamado. Y que cuando llegue al final de mi vida, déjame decir como el apóstol Pablo, "He peleado la buena batalla, he terminado la carrera, me he mantenido en la fe" (2 Timoteo 4:7). Luego déjame correr la carrera, este día, con alegre resistencia. Amén.

MI ORACIÓN:

Do you not know that in a race all the runners run, but only one gets the prize? Run in such a way as to get the prize. Everyone who competes in the games goes into strict training. They do it to get a crown that will not last, but we do it to get a crown that will last forever.

1 CORINTHIANS 9:24-25

¿No saben que en una carrera todos los corredores compiten, pero solo uno obtiene el premio? Corran, pues, de tal modo que lo obtengan. Todos los deportistas se entrenan con mucha disciplina. Ellos lo hacen para obtener un premio que se echa a perder; nosotros, en cambio, por uno que dura para siempre.

1 CORINTIOS 9:24-25

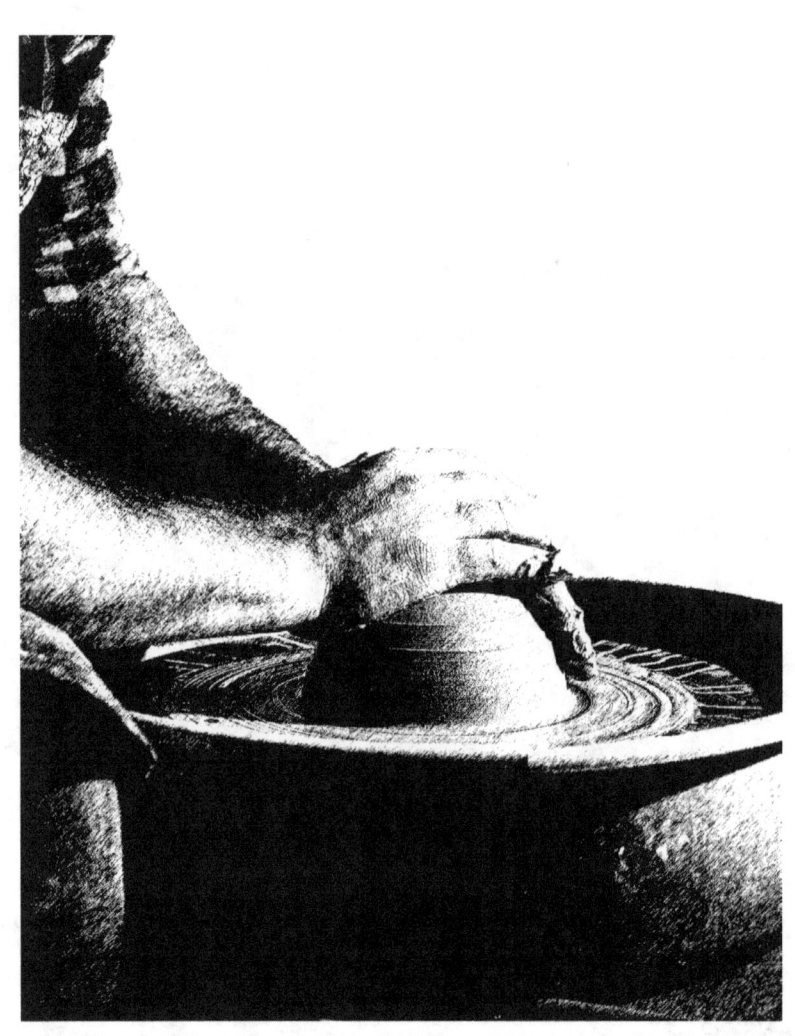

CENTERING
CENTRANDO

The potter spins the potter's wheel, applies water, and centers the clay.

El alfarero hace girar el torno de alfarero, aplica el agua y centra el barro.

My Reading Notes:

Mis apuntes de la lectura:

One or two ideas in this chapter that I found new or surprising.

Una o dos ideas en este capítulo que encontré novedosa(s) o sorprendente(s).

One or two questions that this chapter raised.

Una o dos preguntas que este capítulo planteó.

One or two places where this chapter spoke to me personally.

Uno o dos pasajes donde este capítulo me habló personalmente.

QUESTIONS FOR REFLECTION AND DISCUSSION:

1. Reflect on your schedule this past week. Was it characterized by joy and peace, ease and strength? Or was it marred by fearful striving? Were you able to find moments of Shalom despite the push and pull of life's circumstances?

2. Now get specific: What changes do you need to make in your life so that the Great Shalom, the peace of God, is an ever-increasing part of your daily life?

PREGUNTAS PARA REFLEXIÓN Y CONVERSACIÓN:

1. Reflexione en su agenda de esta semana. ¿Estuvo caracterizada por gozo y paz, tranquilidad y fuerza? ¿O fue estropeada por lucha temerosa? ¿Pudo usted encontrar momentos de Shalom pese al tira y encoge de las circunstancias de la vida?

2. Ahora sea específico: ¿Qué cambios debe realizar en su vida para que el Gran Shalom, la paz de Dios, sea una parte cada vez mayor de su vida diaria?

AUTHOR'S PRAYER:

Lord God, I don't want to be tossed to and fro by the screeching demands of my circumstances. I want to rest under your hand, quiet, content, strong, and centered. Rather than trying harder to fix all this, I choose to slow down, breathe deep, open my hands, and let it go. Amen.

MY PRAYER:

ORACIÓN DE LA AUTORA:

Señor, Dios, no quiero estar en el vaivén de las chirriantes demandas de mis circunstancias. Quiero descansar bajo tu mano, quieto, contento, fuerte y centrado. En vez de tratar más duro de arreglar todo esto, escojo aminorar el paso, respirar profundo, abrir las manos y soltarme. Amén.

MI ORACIÓN:

...being confident of this, that he who began a good work in you will carry it on to comple-tion until the day of Christ Jesus.
PHILIPPIANS 1:6

Estoy convencido de esto: el que comenzó tan buena obra en ustedes la irá perfeccionando hasta el día de Cristo Jesús.
FILIPENSES 1:6

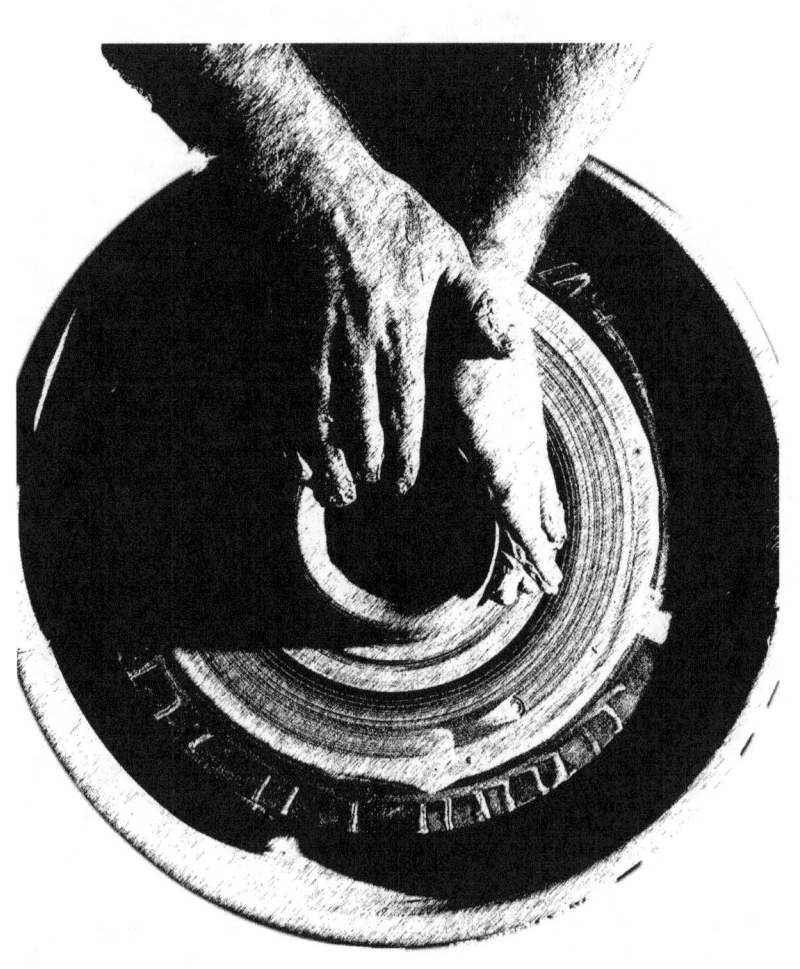

OPENING
ABRIENDO

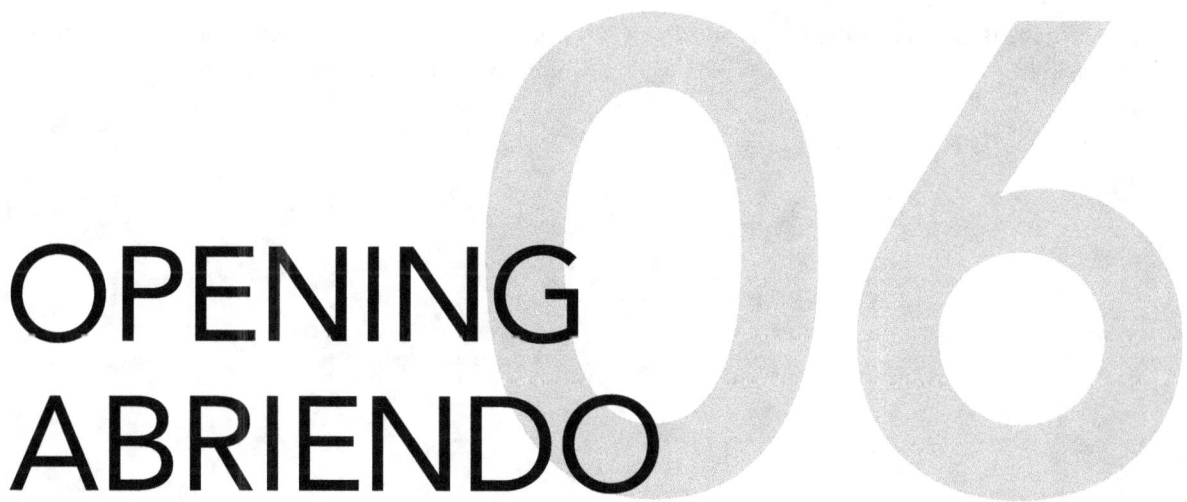

The potter presses into the center and opens the clay.

El alfarero hace presión en el centro y abre el barro.

My Reading Notes:

Mis apuntes de la lectura:

One or two ideas in this chapter that I found new or surprising.

Una o dos ideas en este capítulo que encontré novedosa(s) o sorprendente(s).

One or two questions that this chapter raised.

Una o dos preguntas que este capítulo planteó.

One or two places where this chapter spoke to me personally.

Uno o dos pasajes donde este capítulo me habló personalmente.

QUESTIONS FOR REFLECTION AND DISCUSSION:

1. To what extent have you filled up your schedule and your heart as a way of avoiding the scary feeling of being empty? Can you identify any specific things that you need to push out of the way in order to make room for the whisper of God?

2. Search your heart and then your calendar: Can you make specific time for solitude, silence, fasting, and/or releasing sometime in the next month?

PREGUNTAS PARA REFLEXIÓN Y CONVERSACIÓN:

1. ¿Hasta que punto ha usted llenado su agenda y su corazón como una manera de evitar los sentimientos atemorizantes de estar vacío? ¿Puede identificar cosas en específico que usted necesita quitar del camino para hacerle espacio al susurro de Dios?

2. Busque en su corazón y luego en su agenda: Puede hacer tiempo específico para el recogimiento, el silencio, el ayuno y/o el desprendimiento en algún momento el próximo mes?

AUTHOR'S PRAYER:

God, it is true—I am better at hanging on to things than letting them go. As a result, my life has gotten so crowded that there is little room for the new things that you want to pour into my life. To be honest, there really isn't very much room for you, either. I don't like to admit it, but I am an awful lot like that innkeeper in Bethlehem who crammed his place full to overflowing, and when the King of Glory came to call, there was no room. Forgive my self-indulgence. Heal my fears. And teach me to be available and open to you. Amen.

MY PRAYER:

ORACIÓN DE LA AUTORA:

Dios, es verdad—soy mejor para aferrarme a las cosas que para soltarlas. Como resultado, mi vida está tan hacinada que hay poco espacio para las nuevas cosas que tú quieres derramar en mi vida. Para serte honesto, no hay mucho espacio para ti tampoco. No me gusta aceptarlo, pero me parezco tanto al mesonero en Belén que atiborró su casa hasta el desborde, y cuando el Rey de la Gloria vino a visitarlo, no había espacio. Perdona mi autocomplacencia. Sana mis temores. Y enséñame a estar disponible y abierto para ti. Amén.

MI ORACIÓN:

The Lord said, "Go out and stand on the mountain in the presence of the Lord, for the Lord is about to pass by." Then a great and powerful wind tore the mountains apart and shattered the rocks before the Lord, but the Lord was not in the wind. After the wind there was an earthquake, but the Lord was not in the earthquake. After the earthquake came a fire, but the Lord was not in the fire. And after the fire came a gentle whisper.
1 KINGS 19:11-12

El Señor le ordenó:
—Sal y preséntate ante mí en la montaña, porque estoy a punto de pasar por allí.
Como heraldo del Señor vino un viento recio, tan violento que partió las montañas e hizo añicos las rocas; pero el Señor no estaba en el viento. Después del viento hubo un terremoto, pero el Señor tampoco estaba en el terremoto. Tras el terremoto vino un fuego, pero el Señor tampoco estaba en el fuego. Y después del fuego vino un suave murmullo.
1 REYES 19:11-12

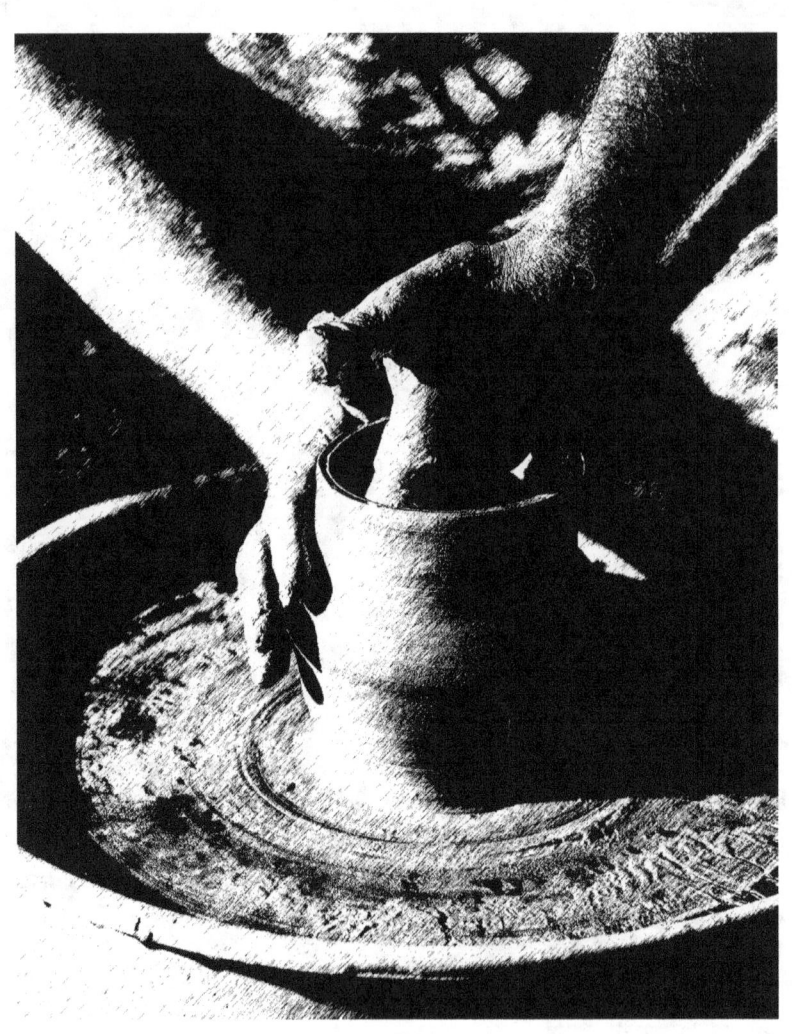

SHAPING
MOLDEANDO

07

The potter uses pressure, inside and out, to shape the clay.

El alfarero usa presión, por dentro y por fuera de la vasija, para moldear el barro.

My Reading Notes:

Mis apuntes de la lectura:

One or two ideas in this chapter that I found new or surprising.

Una o dos ideas en este capítulo que encontré novedosa(s) o sorprendente(s).

One or two questions that this chapter raised.

Una o dos preguntas que este capítulo planteó.

One or two places where this chapter spoke to me personally.

Uno o dos pasajes donde este capítulo me habló personalmente.

QUESTIONS FOR REFLECTION AND DISCUSSION:

1. Think about the shape of your past. Is there an unexpected turn of events that didn't make sense at the time, but now is a clear indication of God's good and perfect will? Share that story with someone this week. It will be an encouragement to them and to you.

2. Think about the shape of your future. In your heart, are you clear about saying an unconditional "Yes!" to Jesus, the Lord? If you sense a place of resistance, ask for God's help to identify it and understand it and work through it.

PREGUNTAS PARA REFLEXIÓN Y CONVERSACIÓN:

1. Piense en la configuración de su pasado. ¿Hay un giro imprevisto de acontecimientos que no tenían sentido en ese entonces, pero que ahora representan una indicación clara de la buena y perfecta voluntad de Dios? Comparta esa historia con alguien esta semana. Les será de ánimo a ellos y a usted.

2. Piense en la configuración de su futuro. En su corazón, ¿tiene claro el decirle un "¡Sí!" incondicional a Jesús, el Señor? Si detecta una cierta resistencia, pídale a Dios que lo ayude a identificarla, comprenderla y superarla.

AUTHOR'S PRAYER:

Lord, forgive me for all of the times that I have argued, explained, excused, and fought the shaping process in my life. I really do want the shape of my life to reflect your good and perfect will. I really want the shape of my soul to reflect the character and nature of Jesus.

Sometimes I'm not very good at saying yes, Lord. But I want to get better at it. So let me make this declaration now. If you want to make my life into something that is useful to your kingdom, take me. I've said no, maybe, later, we'll see. Today I say, "Yes, Lord."

And tomorrow when I wake, pour out a fresh batch of grace so that I have all that I need to say, "Yes, Lord" again.

Thank you for loving me enough to keep forming and shaping and molding and working in my life, day by day by day. Amen.

ORACIÓN DE LA AUTORA:

Señor, perdóname por todas las veces que he debatido, explicado, excusado y peleado el proceso de moldeado en mi vida. Realmente quiero que la forma de mi vida refleje tu buena y perfecta voluntad. Realmente quiero que la forma de mi alma refleje el carácter y naturaleza de Jesús.

A veces no soy muy bueno para decir sí, Señor. Pero quiero mejorar. Así que déjame hacer esta afirmación ahora. Si quieres convertir mi vida en algo que sea útil para tu reino, tómame. He dicho no, quizás, más tarde, veremos. Hoy digo, "Sí, Señor."

Y mañana cuando despierte, derrama sobre mí una nueva porción de gracia para que tenga todo lo que necesito para decir sí, Señor, otra vez.

Gracias por amarme lo suficiente como para labrarme y formarme y moldearme y trabajar en mi vida, día tras día tras día. Amén.

MY PRAYER:

MI ORACIÓN:

Then I heard the voice of the Lord saying, "Whom shall I send? And who will go for us?"
And I said, "Here am I. Send me!"
ISAIAH 6:8

Entonces oí la voz del Señor que decía:
—¿A quién enviaré? ¿Quién irá por nosotros?
Y respondí:
—Aquí estoy. ¡Envíame a mí!
ISAÍAS 6:8

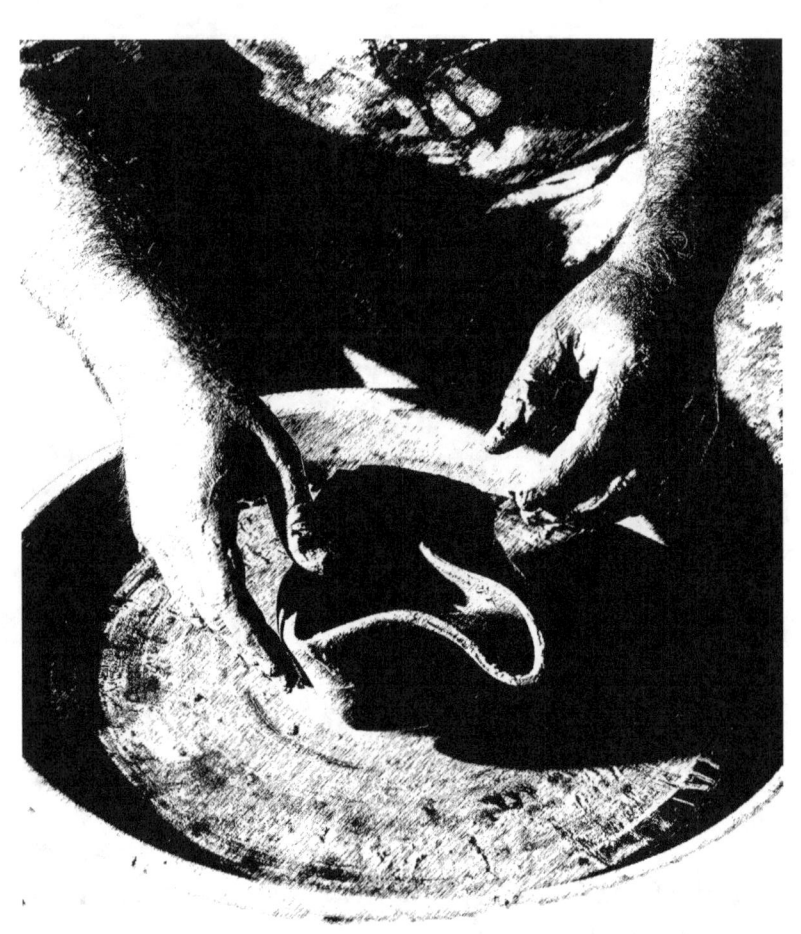

RESTORING
RESTAURANDO

08

If the clay pot weakens, wobbles, and collapses, God is not daunted.

Si la vasija de barro se debilita, tambalea y se derrumba, Dios no se desalienta.

My Reading Notes:

Mis apuntes de la lectura:

One or two ideas in this chapter that I found new or surprising.

Una o dos ideas en este capítulo que encontré novedosa(s) o sorprendente(s).

One or two questions that this chapter raised.

Una o dos preguntas que este capítulo planteó.

One or two places where this chapter spoke to me personally.

Uno o dos pasajes donde este capítulo me habló personalmente.

QUESTIONS FOR REFLECTION AND DISCUSSION:

1. Fatigue is a fact of life for most of us. Consider if there is a need in your life right now to make changes that will bring refreshment and prevent the destruction to mind and body that comes from accumulated fatigue. Then consider: Is someone you know facing serious challenges in the push and pull of life? Is there something you (or your small group) can do this week to reduce the stress and help carry the load?

2. Think of a time when you have faced a major setback—when things did not go smoothly, when the process was interrupted with an unexpected collapse. Do you have a testimony of the way that God can move into a situation, and start all over again?

PREGUNTAS PARA REFLEXIÓN Y CONVERSACIÓN:

1. La fatiga es una realidad de la vida para la mayoría de nosotros. Considere si hay alguna necesidad en su vida en este momento, de realizar cambios que le brinden un descanso y eviten la destrucción de la mente y el cuerpo que viene de la acumulación de la fatiga. Luego considere: ¿Hay alguien que usted conozca que esté enfrentando serios desafíos en el tira y estira de la vida? ¿Hay algo que usted (o su pequeño grupo) pueda hacer esta semana para reducirle el estrés y ayudarlo a llevar la carga?

2. Piense en una ocasión en la que usted afrontó un duro revés—cuando las cosas no salieron bien, cuando el proceso se interrumpió debido a un fracaso inesperado. ¿Tiene usted un testimonio de la manera en que Dios puede entrar en una situación, y comenzar de nuevo?

AUTHOR'S PRAYER:

Identify one particular situation that seems beyond repair.

Then pray:

Lord, I just can't see how this mess could possibly be made right. Give me the strength to scoop up this whole situation, every bit of it, put it in your loving hands, and trust you to make it right again. Amen.

MY PRAYER:

ORACIÓN DE LA AUTORA:

Identifique una situación particular que parece irremediable.

Luego ore:

Señor, no puedo imaginar como se podría arreglar esta situación. Dame la fuerza para recoger este desastre, suave y empapado, ponerlo en tus manos, y confiar en que tú lo corregirás. Amén.

MI ORACIÓN:

Do you not know? Have you not heard? The LORD is the everlasting God, the Creator of the ends of the earth. He will not grow tired or weary, and his understanding no one can fathom. He gives strength to the weary and increases the power of the weak. Even youths grow tired and weary, and young men stumble and fall; but those who hope in the LORD will renew their strength. They will soar on wings like eagles; they will run and not grow weary, they will walk and not be faint.

ISAIAH 40:28-31

¿Acaso no lo sabes? ¿Acaso no te has enterado? El Señor es el Dios eterno, creador de los confines de la tierra. No se cansa ni se fatiga, y su inteligencia es insondable. Él fortalece al cansado y acrecienta las fuerzas del débil. Aun los jóvenes se cansan, se fatigan, y los muchachos tropiezan y caen; pero los que confían en el Señor renovarán sus fuerzas; volarán como las águilas: correrán y no se fatigarán, caminarán y no se cansarán.

ISAÍAS 40:28-31

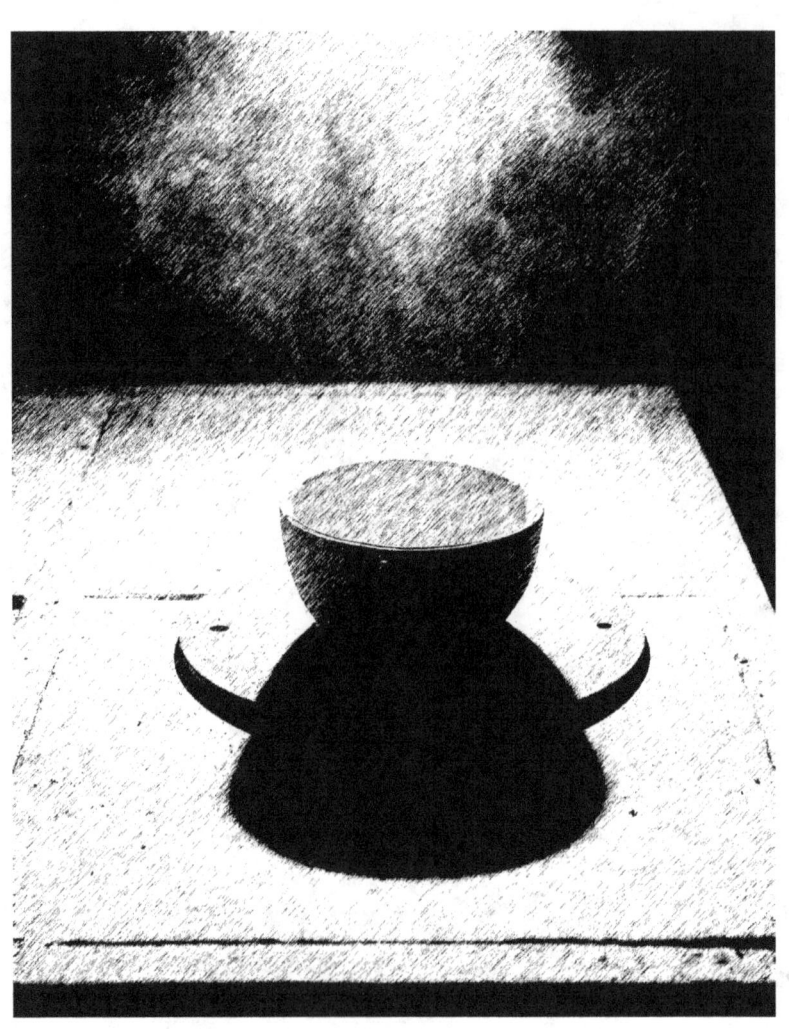

PERSISTING
PERSISTIENDO

09

The pot is taken off the wheel and left to dry.

Se saca la vasija del torno y se pone a secar.

My Reading Notes:

Mis apuntes de la lectura:

One or two ideas in this chapter that I found new or surprising.

Una o dos ideas en este capítulo que encontré novedosa(s) o sorprendente(s).

One or two questions that this chapter raised.

Una o dos preguntas que este capítulo planteó.

One or two places where this chapter spoke to me personally.

Uno o dos pasajes donde este capítulo me habló personalmente.

QUESTIONS FOR REFLECTION AND DISCUSSION:

1. Is there a time in your life when a project has been ruined or compromised because you were impatient and skipped some steps along the way? Ask God to forgive you, and then ask him to show you what you might learn from the experience.

2. Is there a particular project or event or issue in your life right now that seems to be on hold? Find someone to pray with this week and seek God's direction concerning it. With the help of a trusted friend, seek to discern if now is the time for things to change, or if this is a time to wait. Patiently. For the fullness of time. Until this stage of the process is truly completed.

PREGUNTAS PARA REFLEXIÓN Y CONVERSACIÓN:

1. ¿Ha habido un tiempo en su vida cuando un proyecto se arruinó o se puso en riesgo debido a que usted se impacientó y se salteó algunos pasos en el camino? Pídale a Dios que lo perdone, y luego pídale que le muestre lo que usted podría aprender de la experiencia.

2. ¿Hay algún proyecto o evento o asunto en particular en su vida ahora mismo que parezca estar en suspenso? Encuentre a alguien con quien orar esta semana y busque la dirección de Dios al respecto. Con la ayuda de un amigo de confianza, busque discernir si ahora es el tiempo para que las cosas cambien, o si este es un tiempo de espera. Pacientemente. Hasta el tiempo de la plenitud. Hasta que esta etapa del proceso sea en verdad completada.

AUTHOR'S PRAYER:

God, I do not like to wait. I don't really trust the dry times when nothing seems to be happening. Help me to grow in trust and patience so that I can understand what John Milton meant when he wrote, "They also serve who only stand and wait." Amen.

MY PRAYER:

ORACIÓN DE LA AUTORA:

Dios, estoy inquieto. No me gusta sentarme y esperar. Realmente no confío en los tiempos de secado cuando nada parece estar ocurriendo. Ayúdame a crecer en confianza y paciencia para que pueda comprender lo que John Milton quiso decir cuando escribió, "Sirven también aquellos que se quedan y esperan." Amén.

MI ORACIÓN:

I remain confident of this: I will see the goodness of the LORD in the land of the living.
Wait for the LORD; be strong and take heart and wait for the LORD.
PSALM 27:13-14

Pero de una cosa estoy seguro: he de ver la bondad del Señor en esta tierra de los vivientes.
Pon tu esperanza en el Señor; ten valor, cobra ánimo; ¡pon tu esperanza en el Señor!
SALMOS 27:13-14

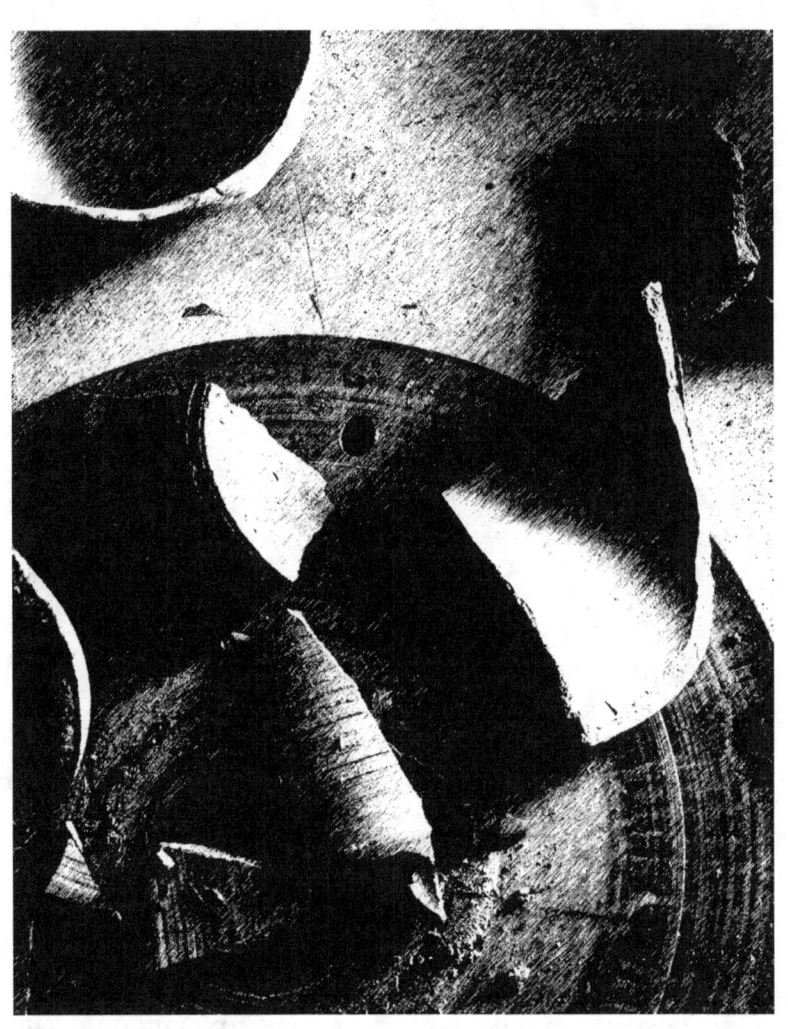

RENEWING
RENOVANDO

10

If the bone dry pot is chipped, cracked, or dropped, God is not daunted.

Si la vasija seca hasta el hueso está astillada, agrietada, o fue dejada caer, Dios no se desalienta.

My Reading Notes:

Mis apuntes de la lectura:

One or two ideas in this chapter that I found new or surprising.

Una o dos ideas en este capítulo que encontré novedosa(s) o sorprendente(s).

One or two questions that this chapter raised.

Una o dos preguntas que este capítulo planteó.

One or two places where this chapter spoke to me personally.

Uno o dos pasajes donde este capítulo me habló personalmente.

QUESTIONS FOR REFLECTION AND DISCUSSION:

1. Do you have broken pieces of some situation, some life dream, some relationship, some gift, or ability that seems broken beyond repair? Give the pieces to God in prayer—and see what he will do.

2. After my photographer broke that pot, he went to the potter and quickly apologized and offered to make restitution. She responded graciously, with strong words of forgiveness and encouragement. Is there something that you have broken but have not yet made right—a promise, a commitment, perhaps a possession? Even when we are careful, our words and actions can be destructive, and we need to do everything in our power to make things right. Are there things that you need to do this week to make amends?

PREGUNTAS PARA REFLEXIÓN Y CONVERSACIÓN:

1. ¿Tiene usted piezas rotas de alguna situación, algún sueño de vida, alguna relación, algún regalo o habilidad que parece irreparablemente averiado? Dele las piezas a Dios en oración—y vea lo que Él hará.

2. Después de que mi fotógrafo rompió la vasija, fue a ver a la alfarera y se disculpó de inmediato ofreciéndole resarcimiento. Ella respondió con gentileza, con fuertes palabras de perdón y aliento. ¿Hay algo que usted haya roto, pero que todavía no ha rectificado—una promesa, un compromiso, quizás una posesión? Aun cuando seamos cuidadosos, nuestras palabras y acciones pueden ser destructivas, y necesitamos hacer todo lo posible por rectificar. ¿Hay algo que usted necesita hacer esta semana para reparar algo?

AUTHOR'S PRAYER:

For this prayer time, let me pray this prayer over you:

Sovereign Lord, here, now, in the life of this precious one, there are disappointments and injuries of every kind. There are dreams that have died. There are people who have been lost. There are relationships broken. There are hopes dashed. There are longings that have remained unfulfilled.

O God, let these bones live. Restore, revive, refresh. Breathe on them, Breath of Life. Make them new. Amen.

MY PRAYER:

ORACIÓN DE LA AUTORA:

Para este tiempo de oración, permítame hacer esta oración por usted:

Soberano Dios, en la vida y corazón de este amado, hay muchos huesos y están muy secos. Hay desilusiones y heridas de todo tipo. Hay sueños que han muerto. Hay personas que han sido perdidas. Hay relaciones rotas. Hay esperanzas truncadas. Hay anhelos que permanecen insatisfechos.

Oh Dios, deja que estos huesos vivan. Restaura, revive, refresca. Sopla en ellos, Aliento de Vida. Hazlos nuevos. Amén.

MI ORACIÓN:

When you send your Spirit, they are created, and you renew the face of the ground. May the glory of the LORD endure forever; many the LORD rejoice in his works.
PSALM 104:30-31

Pero, si envías tu Espíritu, son creados, y así renuevas la faz de la tierra. Que la gloria del Señor perdure eternamente; que el Señor se regocije en sus obras.
SALMOS 104:30-31

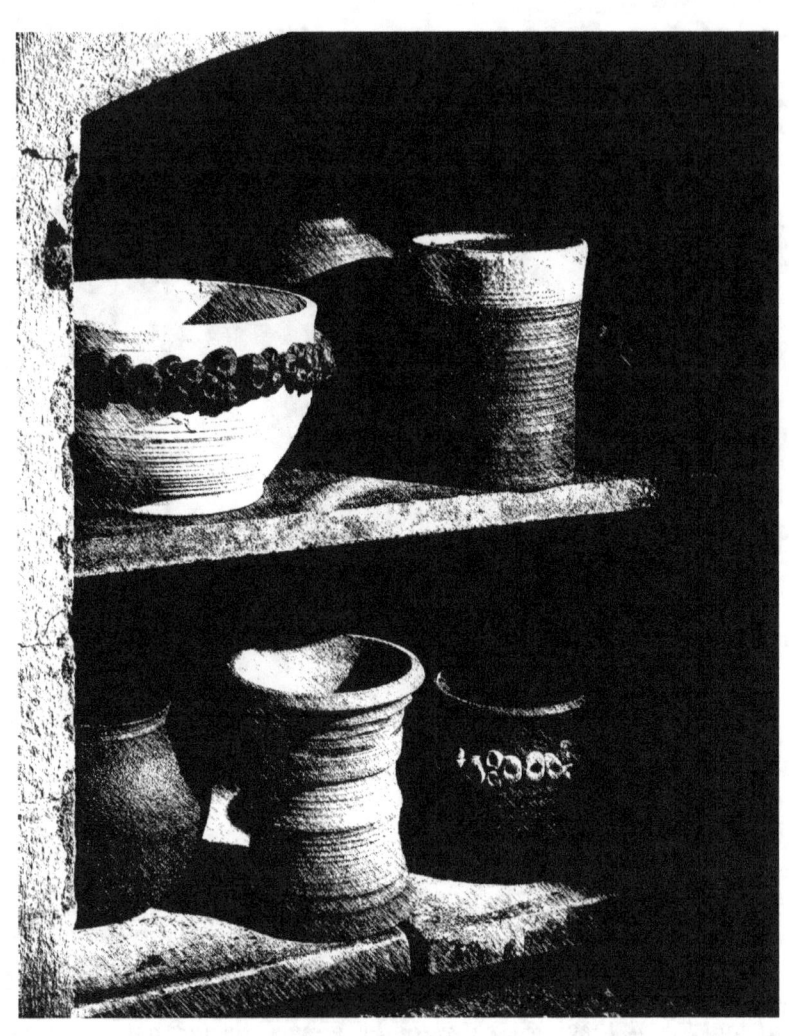

TRANSFORMING
TRANSFORMANDO

11

The pot is gathered up, put into the kiln, and fired.

La vasija es alzada, puesta en el horno y horneada.

My Reading Notes:

Mis apuntes de la lectura:

One or two ideas in this chapter that I found new or surprising.

Una o dos ideas en este capítulo que encontré novedosa(s) o sorprendente(s).

One or two questions that this chapter raised.

Una o dos preguntas que este capítulo planteó.

One or two places where this chapter spoke to me personally.

Uno o dos pasajes donde este capítulo me habló personalmente.

QUESTIONS FOR REFLECTION AND DISCUSSION:

1. What does it mean to you to be alert, ready for the return of the master and prepared for whatever trials may come? In what ways does your life reflect this readiness? In what ways might you adjust your day to better reflect this awareness?

2. Thank God for those who have stood by you during fiery trials. Then thank them: take time this week to write a note or make a call saying thank you to someone who has stood by you in tough times.

PREGUNTAS PARA REFLEXIÓN Y CONVERSACIÓN:

1. ¿Qué significa para usted estar preparado, alerta, listo para el regreso del amo y preparado para cualquier prueba que venga? ¿De qué manera refleja su vida esta disposición? ¿De qué manera podría usted ajustar su vida para mejor reflejar esta conciencia?

2. Agradézcale a Dios por aquellos que han estado junto a usted durante las pruebas de fuego. Luego deles gracias: tome tiempo esta semana para escribir una nota o hacer una llamada a alguien para agradecerle que haya estado a su lado durante los tiempos difíciles.

AUTHOR'S PRAYER:

Dear God. Consider my trials pure joy? Hmmm. I'm not there quite yet. But I'm learning, Lord, to accept good times and bad times as gifts from your hand. I'm learning to ask, "What is God saying to me in the midst of this circumstance?" And I'm starting to see that these things happen for a reason, that hardship can help to accomplish important things in my life, and that no matter how hot the fire gets, you mean it when you say that you will NEVER leave me, you will NEVER forsake me. I'm learning, Lord. Help me to learn it better. Help me to live it more. Amen.

ORACIÓN DE LA AUTORA:

Querido Dios. ¿Considerar mis pruebas sumo gozo? Mmmm. Todavía no he llegado a ese punto. Pero estoy aprendiendo, Señor, a aceptar los buenos tiempos y los malos tiempos como regalos de tu mano. Estoy aprendiendo a preguntar, ¿Qué me está diciendo Dios en medio de esta circunstancia? Y empiezo a ver que estas cosas suceden por una razón, que ellas pueden ayudar a cumplir cosas importantes en mi vida, y no importa cuán caliente se ponga el fuego, es en serio cuando dices que tú NUNCA me dejarás, nunca me desampararás. Estoy aprendiendo, Señor. Ayúdame a aprenderlo mejor. Ayúdame a vivirlo mejor. Amén.

MY PRAYER:

MI ORACIÓN:

Now my soul is troubled, and what shall I say? "Father, save me from this hour?" No, it was for this very reason I came to this hour. Father, glorify your name.
JOHN 12:27-28

Ahora todo mi ser está angustiado, ¿y acaso voy a decir: "Padre, sálvame de esta hora difícil"? ¡Si precisamente para afrontarla he venido! ¡Padre, glorifica tu nombre! Se oyó entonces, desde el cielo, una voz que decía: Ya lo he glorificado, y volveré a glorificarlo.
JUAN 12:27-28

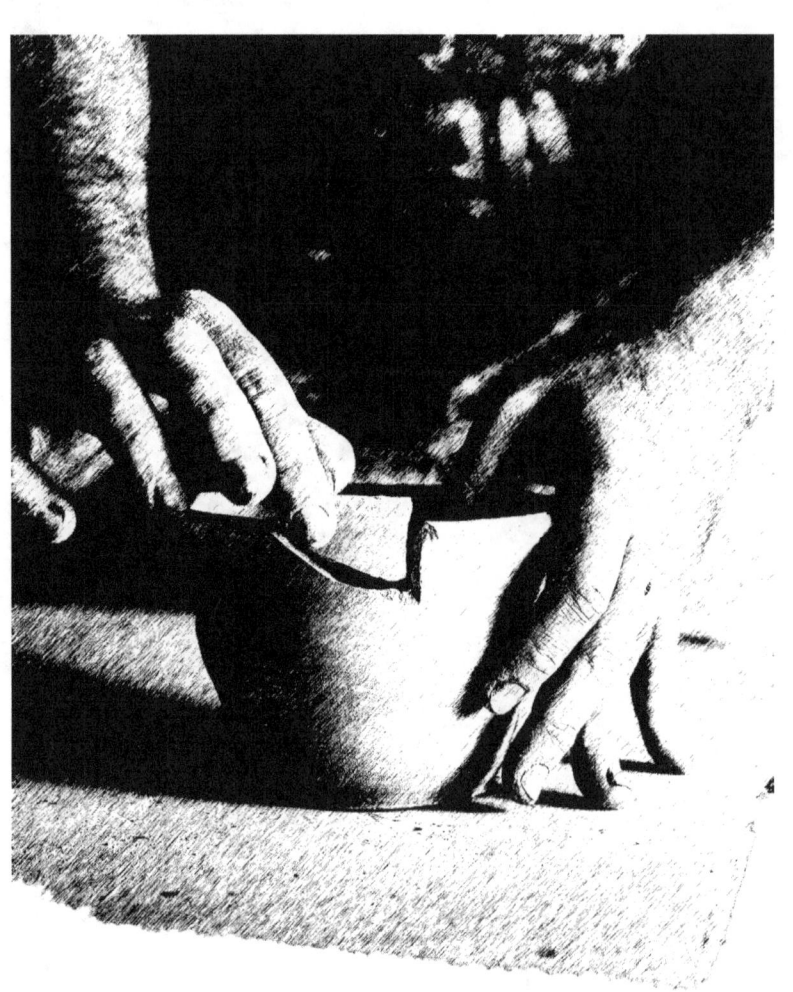

REPAIRING
REPARANDO

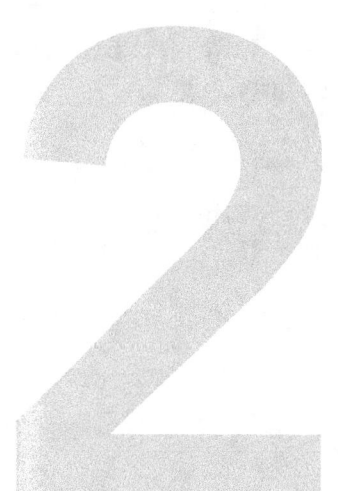

If the fired pot is knocked over, cracked, dropped, or broken, God is not daunted.

Si la vasija horneada es golpeada, agrietada, botada, o quebrada, Dios no se desalienta.

My Reading Notes:

Mis apuntes de la lectura:

One or two ideas in this chapter that I found new or surprising.

Una o dos ideas en este capítulo que encontré novedosa(s) o sorprendente(s).

One or two questions that this chapter raised.

Una o dos preguntas que este capítulo planteó.

One or two places where this chapter spoke to me personally.

Uno o dos pasajes donde este capítulo me habló personalmente.

QUESTIONS FOR REFLECTION AND DISCUSSION:

1. Is there a ministry you have now that is a result of hardship in your past? Or is there a ministry you might enter into now that builds upon the strength of your experiences for the benefit of others?

2. Are there worries, fears, needs, longings, injuries, or other treasures locked tight inside your heart, things that need to be broken open and poured out at the feet of Jesus? Do it in a way that you find meaningful: pray, worship, journal, talk, sing, create, walk, cry, dance, sew, paint, plant. Is this best addressed through time alone, through some activity, through words, or through personal time with a trusted friend or counselor or minister?

PREGUNTAS PARA REFLEXIÓN Y CONVERSACIÓN:

1. ¿Tiene usted algún ministerio ahora que sea el resultado de la adversidad en su pasado? ¿Hay algún ministerio en el que usted podría entrar ahora, que tenga como base la fuerza de sus experiencias para el beneficio de otros?

2. ¿Hay preocupaciones, temores, necesidades, anhelos, heridas, u otros tesoros firmemente encerrados dentro de su corazón, cosas que necesiten ser liberadas y derramadas a los pies de Jesús? Hágalo de una manera que sea significativa: ore, alabe, escriba en su diario, hable, cante, cree, camine, llore, baile, cosa, pinte, plante. ¿Es mejor abordar esto mediante tiempo de retiro, mediante alguna actividad, mediante palabras, o a través de tiempo personal con un amigo de confianza o consejero o ministro?

AUTHOR'S PRAYER:

Lord Jesus, everything in me wants to avoid the sacrifice of brokenness. But I'm beginning to see that much can be accomplished *because* of brokenness, not just in spite of it. Gideon's torches couldn't shine bright until the jars were shattered. Sweet anointing oil couldn't be spread on your feet until the box was crushed. And I know that the ultimate example is your own sacrifice, your body broken for me. Help me, Lord, to see how the pain and difficulty of my life can be a source of strength and healing for myself, and for others. Help me to understand the great mystery of Philippians 3:10, that the fellowship of your suffering leads to the power of your resurrection. Amen.

MY PRAYER:

ORACIÓN DE LA AUTORA:

Señor Jesús, todo en mí quiere evitar el sacrificio del quebrantamiento. Pero empiezo a ver que se puede lograr mucho como consecuencia del quebrantamiento, no a pesar de él. Las antorchas de Gedeón no podían resplandecer hasta que los cántaros fueran quebrados. El suave aceite de la unción no podría haber sido derramado hasta que el vaso fuera destrozado. Y sé que el ejemplo supremo es tu propio sacrificio, tu cuerpo molido por mí. Ayúdame, Señor, a ver cómo el dolor y la adversidad de mi vida pueden ser una fuente de fortaleza y sanidad para mí, y para otros. Ayúdame a comprender el gran misterio de Filipenses 3:10, la comunión de tu sufrimiento que lleva al poder de tu resurrección. Amén.

MI ORACIÓN:

My sacrifice, O God, is a broken spirit; a broken and contrite heart you, God, will not despise.
PSALM 51:17

El sacrificio que te agrada es un espíritu quebrantado; tú, oh Dios, no desprecias al corazón quebrantado y arrepentido.
SALMO 51:17

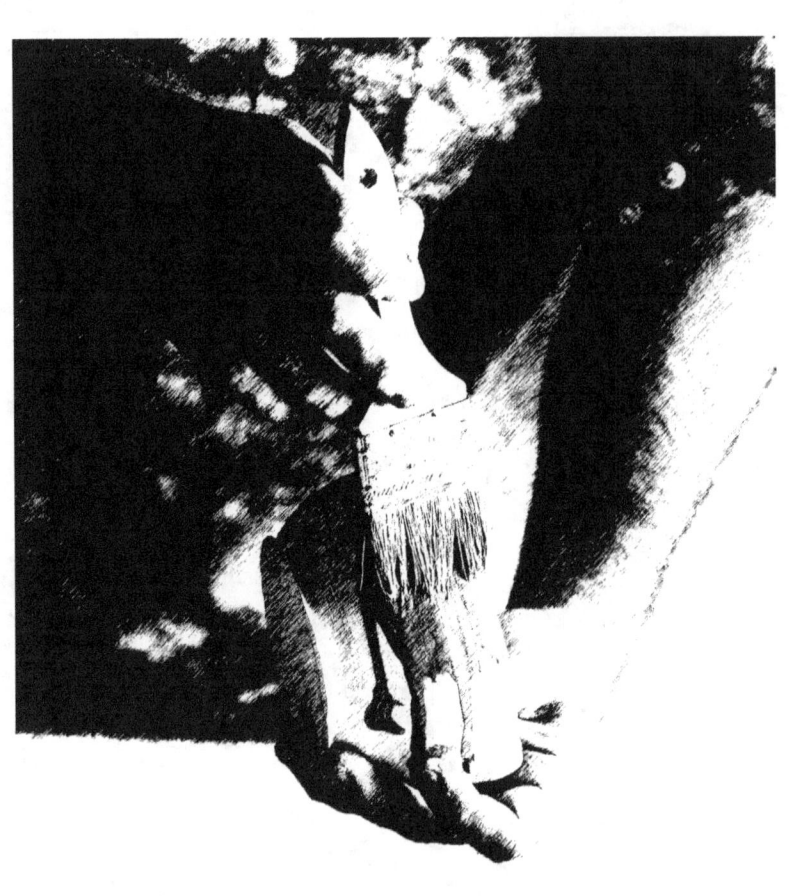

RETURNING
VOLVIENDO

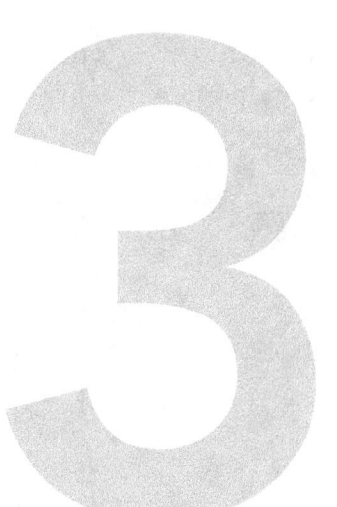

The pot is glazed and goes back into the fire.

La vasija es vidriada y regresa al fuego.

My Reading Notes:

Mis apuntes de la lectura:

One or two ideas in this chapter that I found new or surprising.

Una o dos ideas en este capítulo que encontré novedosa(s) o sorprendente(s).

One or two questions that this chapter raised.

Una o dos preguntas que este capítulo planteó.

One or two places where this chapter spoke to me personally.

Uno o dos pasajes donde este capítulo me habló personalmente.

QUESTIONS FOR REFLECTION AND DISCUSSION:

1. Is there some task that you have been afraid to face because you have been there before and it is too painful to imagine trying it again? Talk to God about it, and ask for the courage to persist in doing what is right.

2. Is there some ongoing task that has become very nearly unbearable, but still you sense the need to stay and faithfully complete it? Ask God to transform the mundane into the miraculous so that you can see his hand even in the midst of this circumstance.

PREGUNTAS PARA REFLEXIÓN Y CONVERSACIÓN:

1. ¿Hay algún trabajo que usted tema enfrentar porque ya estuvo allí y es demasiado doloroso imaginar intentarlo otra vez? Háblele a Dios al respecto, y pídale el valor para persistir haciendo lo que es correcto.

2. ¿Hay algún trabajo en curso que se haya vuelto casi inaguantable, pero aun así usted siente que necesita quedarse y completarlo fielmente? Pídale a Dios que transforme lo mundano en milagroso para que usted pueda ver su mano aun en medio de esta circunstancia.

AUTHOR'S PRAYER:

God, there are things in my life that are difficult because I really have counted the cost and experienced the pain and that makes it harder for me to persevere. I pray that you would either change my heart or change my circumstances. And whichever one you choose to do, I am determined to look for the ways that love, joy, peace, patience, kindness, goodness, faithfulness, gentleness, and self-control will abound in my life. Amen.

MY PRAYER:

ORACIÓN DE LA AUTORA:

Dios, hay cosas en mi vida que son difíciles porque en realidad he contado el costo y he experimentado el dolor y eso me dificulta perseverar. Oro para que tú cambies mi corazón o cambies mis circunstancias. Y sea lo que sea que tú escojas, estoy determinado a buscar maneras en las que el amor, el gozo, la paz, la paciencia, la amabilidad, la bondad, la fidelidad, la mansedumbre y el dominio propio abunden en mi vida. Amén.

MI ORACIÓN:

But the fruit of the Spirit is love, joy, peace, forbearance, kindness, goodness, faithfulness, gentleness and self-control. Against such things there is no law.
GALATIANS 5:22-23

En cambio, el fruto del Espíritu es amor, alegría, paz, paciencia, amabilidad, bondad, fidelidad, humildad y dominio propio. No hay ley que condene estas cosas.
GÁLATAS 5:22-23

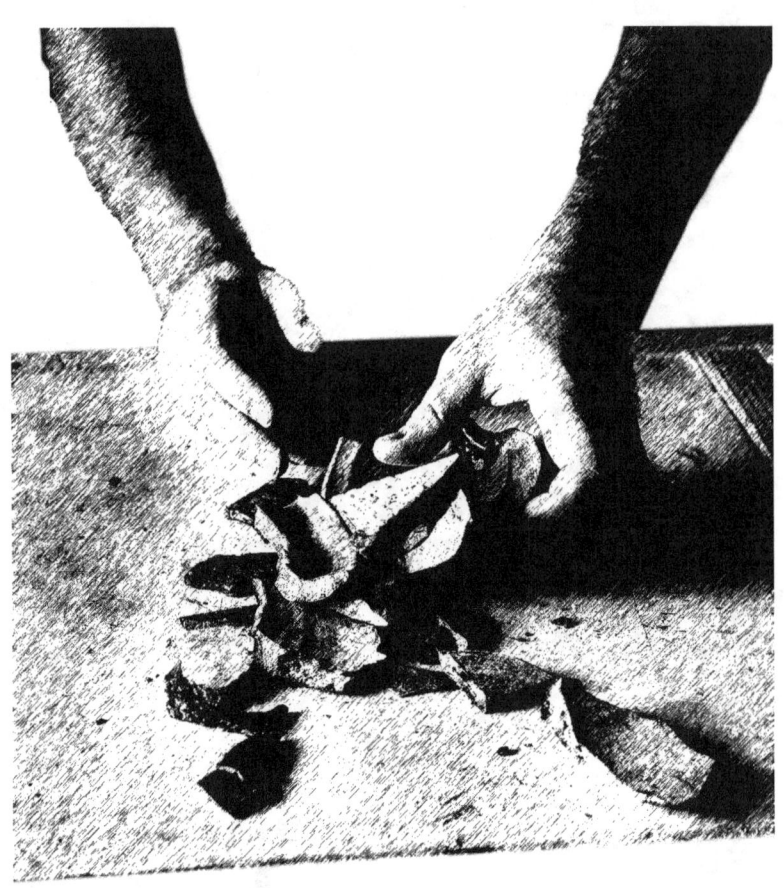

REDEEMING
REDIMIENDO

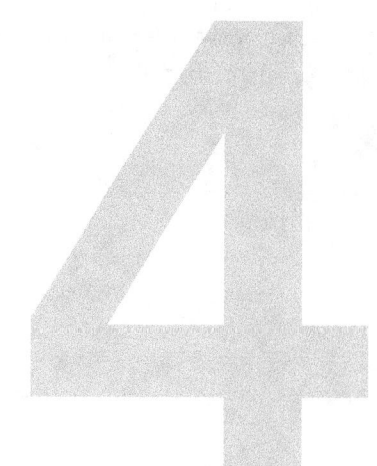

If the finished pot is dropped and shattered, God is not daunted.

Si la vasija terminada se cae y se destroza, Dios no se desalienta.

My Reading Notes:

Mis apuntes de la lectura:

One or two ideas in this chapter that I found new or surprising.

Una o dos ideas en este capítulo que encontré novedosa(s) o sorprendente(s).

One or two questions that this chapter raised.

Una o dos preguntas que este capítulo planteó.

One or two places where this chapter spoke to me personally.

Uno o dos pasajes donde este capítulo me habló personalmente.

QUESTIONS FOR REFLECTION AND DISCUSSION:

1. List several situations where you have told yourself, "It's too late." Then offer the list to God in prayer.

2. Take time this week to appreciate the beauty of a mosaic, a quilt, a collage, a scrapbook page, or another art form that is made when an artist redeems bits and pieces by making something brand new. Or set aside time to use your own creative gifts in a new way.

PREGUNTAS PARA REFLEXIÓN Y CONVERSACIÓN:

1. Haga una lista de varias situaciones donde usted se ha dicho, "Es demasiado tarde". Luego ofrézcale la lista a Dios en oración.

2. Tome tiempo esta semana para apreciar la belleza de un mosaico, un edredón, un collage, un álbum de recortes, o cualquier forma de arte que está hecho por un artista que ha redimido piezas y fragmentos para hacer algo nuevo. O aparte tiempo para usar sus propios talentos creativos de una nueva manera.

AUTHOR'S PRAYER:

Change my heart, O God. Change my perspective. Help me to believe that you are able redeem the broken bits and pieces of my life. Even now. Help me to trust that you are ready and able to create something new. Amen.

MY PRAYER:

ORACIÓN DE LA AUTORA:

Cambia mi corazón, Oh Dios, para que pueda aprender a estar siempre alerta a las oportunidades redentoras que pueden hallarse aun en las situaciones más lamentables.

MI ORACIÓN:

In your unfailing love you will lead the people you have redeemed. In your strength you will guide them to your holy dwelling.
EXODUS 15:13

Por tu gran amor guías al pueblo que has rescatado; por tu fuerza los llevas a tu santa morada.
ÉXODO 15:13

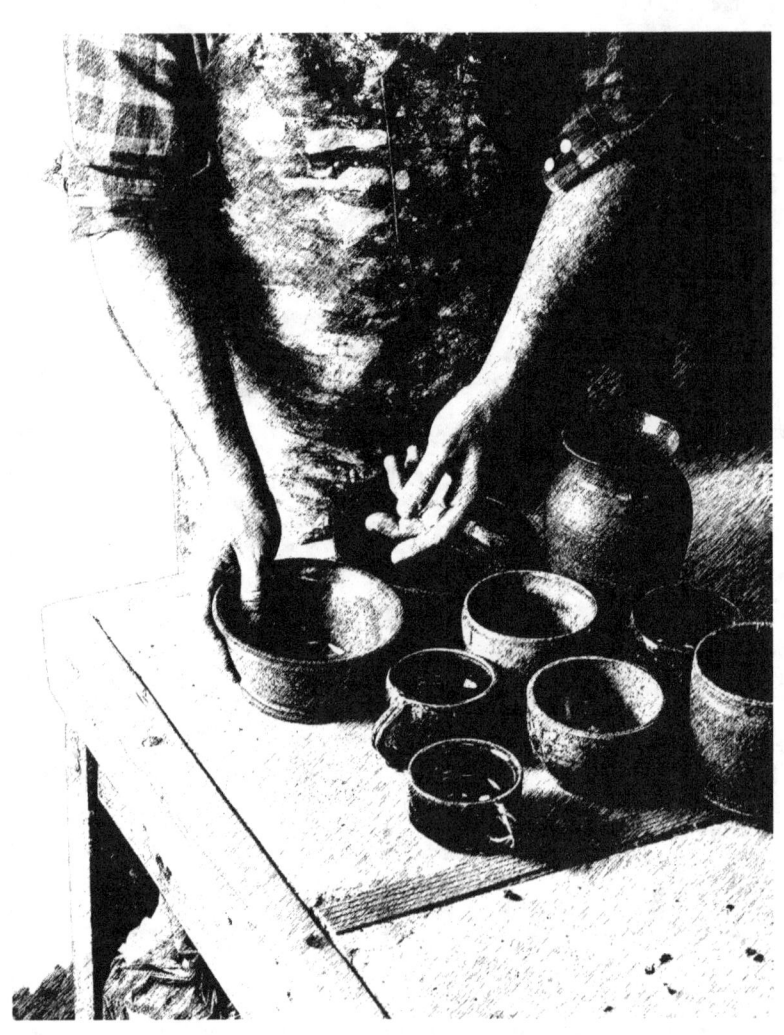

ABIDING
PERMANECIENDO

15

The pot is now strong and beautiful, ready for the Master's use.

La vasija está ahora fuerte, bella y útil, lista para que el Maestro la use.

My Reading Notes:

Mis apuntes de la lectura:

One or two ideas in this chapter that I found new or surprising.

Una o dos ideas en este capítulo que encontré novedosa(s) o sorprendente(s).

One or two questions that this chapter raised.

Una o dos preguntas que este capítulo planteó.

One or two places where this chapter spoke to me personally.

Uno o dos pasajes donde este capítulo me habló personalmente.

QUESTIONS FOR REFLECTION AND DISCUSSION:

1. What step in the process do you most relate to in this season of your life?

2. Are there steps that you have been deliberately resisting, avoiding or neglecting? Ask God to make you willing to be made willing to surrender even to that process.

PREGUNTAS PARA REFLEXIÓN Y CONVERSACIÓN:

1. ¿Con qué paso del proceso se relaciona más usted en este ciclo de su vida?

2. ¿Hay pasos que usted ha estado deliberadamente resistiendo, evitando o descuidando? Pídale a Dios que lo haga estar dispuesto a ser hecho, dispuesto a entregarse aun a ese proceso.

AUTHOR'S PRAYER:

God, I am fearfully and wonderfully made. You called me into being and have shaped me by your hand. Through the circumstances of my life, times of long dryness, times of intense fire, times of immeasurable blessing, you have been at work in many, mighty ways. Thank you that I am your workmanship. Now, Lord, help me to be faithful to the work you are calling me to do, today and every day, and throughout all the seasons of my life. Here I am. Made by the master. Here I am. Ready for your use. Amen.

MY PRAYER:

ORACIÓN DE LA AUTORA:

Dios, soy formidable y maravillosamente hecho. Me llamaste a ser y me has moldeado con tu mano. A través de las circunstancias de mi vida, los tiempos de larga sequedad, los tiempos de fuego intenso, los tiempos de bendición inmensurable, tú has estado trabajando en muchas, grandiosas maneras. Gracias porque soy el fruto de tu trabajo. Ahora, Señor, ayúdame a ser fiel en el trabajo que me estás llamando a realizar, hoy y todos los días, y a través de todas las estaciones de mi vida. Aquí estoy. Hecho por el maestro. Aquí estoy. Listo para tu uso. Amén.

MI ORACIÓN:

From the ends of the earth I call to you, I call as my heart grows faint; lead me to the rock that is higher than I. For you have been my refuge, a strong tower against the foe. I long to dwell in your tent forever and take refuge in the shelter of your wings.
PSALM 61:2-4

Desde los confines de la tierra te invoco, pues mi corazón desfallece; llévame a una roca donde esté yo a salvo. Porque tú eres mi refugio, mi baluarte contra el enemigo. Anhelo habitar en tu casa para siempre y refugiarme debajo de tus alas. Selah
SALMOS 61:2-4

ACKNOWLEDGMENTS

I owe a great debt of thanks to many people who have encouraged and supported me, not only in this project but in the ongoing process of recognizing and cooperating with the hand of God in my daily life. In preparing this workbook, I would especially like to acknowledge the faithful collaboration of the Niños for persevering in faith and prayer; the Department of Art and Design at APU (especially Bill, Sue, Tom, and Guy) for encouraging my work; my father, James Sainsbury, for generous and unconditional support; Adam and Becky Bradley for the privilege of collaborating with their artistic vision; Carly Scholl for working with layout and scriptures; Barbara Hayes and Linda Spitser for eagle-eyed proofreading; and Lynn Maudlin for coming to the rescue once again.

And finally, my Sierra. You are a masterpiece of God's grace.

AGRADECIMIENTOS

Tengo una gran deuda de gratitud con muchas personas que me han apoyado y dado ánimo, no solo en este proyecto sino en el proceso continuo de reconocer y cooperar con la mano de Dios en mi vida diaria. En la preparación de este libro de trabajo, yo quiero reconocer especialmente la fiel colaboración de "Los Niños" por perseverar en la fe y la oración; el Departamento de Arte y Diseño de Azusa Pacific University (especialmente Bill, Sue, Tom y Guy) por alentar mi obra; Adam y Becky Bradley, por el privilegio de colaborar con su visión artística; Carly Scholl, por trabajar con el diseño y las escrituras; Barbara Hayes y Linda Spitser por su corrección con ojos de águila; y Lynn Maudlin, por venir al rescate. De nuevo.

Y finalmente Sierra. Eres una obra maestra de la gracia de Dios.

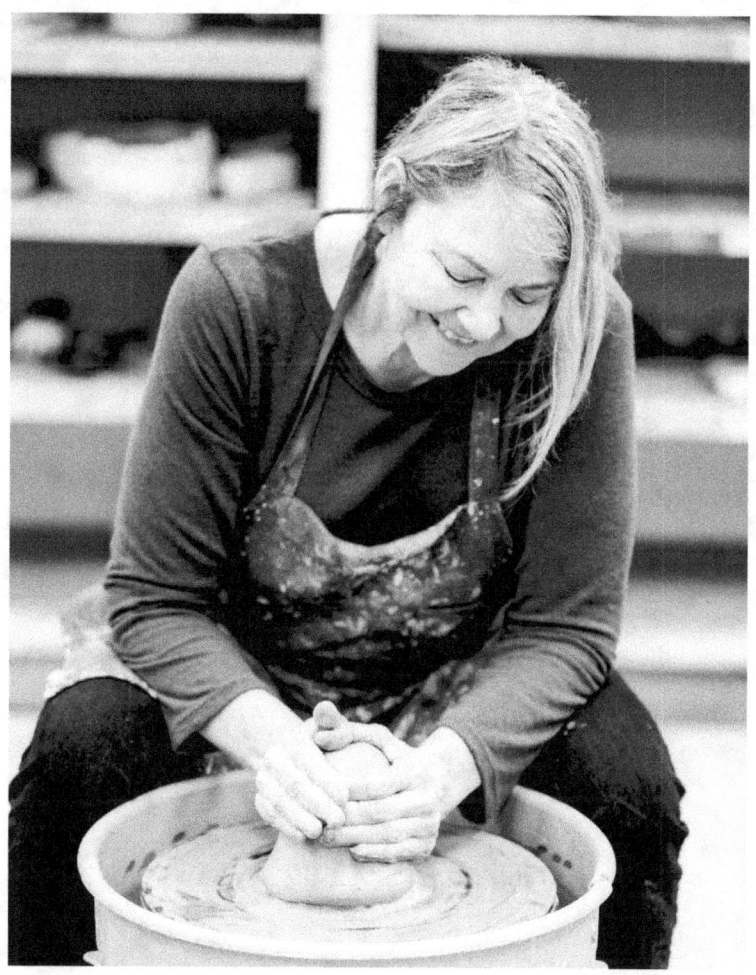

ABOUT THE AUTHOR

Diana Pavlac Glyer is a potter, a painter, and an avid gardener. She teaches in the Honors College at Azusa Pacific University. She enjoys the work of C.S. Lewis and J.R.R. Tolkien and has published books and articles about their creative process. She lives in southern California.

FOR MORE INFORMATION, VISIT HER ONLINE AT

WWW.DIANAGLYER.COM

ACERCA DE LA AUTORA

Diana Pavlac Glyer es alfarera, pintora y una ávida jardinera. Enseña en el colegio honorifico en la Universidad de Azusa Pacific. Ella disfruta la obra de C.S. Lewis y J. R.R. Tolkien y ha publicado libros y artículos sobre su proceso creativo. Ella vive en el sur de California.

PARA MÁS INFORMACIÓN, VISÍTELA EN LÍNEA EN

WWW.DIANAGLYER.COM

Clay in the Potter's Hands WORKBOOK ENGLISH/SPANISH EDITION was translated by Caleb Argon and Aroldo Solórzano, edited by Manuel Obando and designed and composed by Matthew K. Tyler in Arno Pro, Avenir, Brix Slab, and Museo Sans and published by

Barro en las Manos del Alfarero, LIBRO DE TRABAJO Edición Inglés/Español fue traducido por Caleb Agron y Aroldo Solórzano, editado por Manuel Obando y diseñado y compuesto por Matthew K. Tyler en Arno Pro, Avenir, Brix Slab, y Museo Sans y publicado por

Lindale & Assoc.

A Division of TreeHouseStudios